高德地图
城市交通"评诊治"智能决策SaaS系统及应用

Amap Software Co., Ltd.
Amap Traffic Meta Analysis System

董振宁　主编

人民交通出版社股份有限公司
北　京

内 容 提 要

本书是对高德地图智慧交通大数据分析团队开发的"城市交通'评诊治'智能决策 SaaS 系统"的综述。该系统充分利用多种动、静态互联网交通大数据,基于沉淀多年的专业治堵经验,构建交通"评诊治"知识图谱,基于人工智能(AI)、云计算、基于位置的服务(LBS)、地理信息系统(GIS)、数据可视化等多种专业技术融合研发而成,面向交通管理、咨询、规划等整个交通运输行业,提供可落地、具有智慧决策支持能力的专业治堵平台,帮助用户全方位认知城市、区域道路基础设施,以及交通运行状况和交通拥堵时空规律,提供从交通拥堵评价、诊断到治理的全套数据解决方案,并重点阐述了该系统在杭州市滨江区的应用实践。

本书适合交通运输行业相关从业者阅读,也可供感兴趣的读者参考。

图书在版编目(CIP)数据

高德地图城市交通"评诊治"智能决策 SaaS 系统及应用/董振宁主编. — 北京:人民交通出版社股份有限公司,2022.6
 ISBN 978-7-114-17901-3

Ⅰ.①高… Ⅱ.①董… Ⅲ.①城市交通系统—智能系统—研究 Ⅳ.①U491.2

中国版本图书馆 CIP 数据核字(2022)第 051461 号
审图号:国审字(2021)第 10351 号

Gaode Ditu Chengshi Jiaotong "Ping-zhen-zhi" Zhineng Juece SaaS Xitong ji Yingyong

书　　名:	高德地图城市交通"评诊治"智能决策 SaaS 系统及应用
著 作 者:	高德地图
策划编辑:	李　晴
责任编辑:	屈闻聪　王金霞
责任校对:	孙国靖　卢　弦
责任印制:	刘高彤
出版发行:	人民交通出版社股份有限公司
地　　址:	(100011)北京市朝阳区安定门外外馆斜街 3 号
网　　址:	http://www.ccpcl.com.cn
销售电话:	(010)59757973
总 经 销:	人民交通出版社股份有限公司发行部
经　　销:	各地新华书店
印　　刷:	北京印匠彩色印刷有限公司
开　　本:	787×1092　1/16
印　　张:	9.75
字　　数:	186 千
版　　次:	2022 年 6 月　第 1 版
印　　次:	2022 年 6 月　第 1 次印刷
书　　号:	ISBN 978-7-114-17901-3
定　　价:	98.00 元

(有印刷、装订质量问题的图书由本公司负责调换)

《高德地图城市交通"评诊治"智能决策SaaS系统及应用》

编委会

主　任： 董振宁

副主任： 王宇静　吴泽驹　苏岳龙

委　员： 宋　菲　陈婕妤　李　屹　张青芳

　　　　　张有胜　郭成坤　李新辉　马　宁

　　　　　林云青　陶荟竹　房一多

卷首语 PRELUDE

高德地图
副总裁 董振宁

  作为出行领域的领先企业,高德地图的愿景是连接真实世界,让出行更美好。基于高德地图多年的技术积累和数据服务能力,我们希望向业界贡献交通数据治理服务的领先解决方案,从而不断提升公众的出行效率和安全水平。同时,作为公众出行平台,高德地图的业务涵盖驾车、打车、公交、地铁、骑行、步行等各类出行方式,我们有义务不断促进绿色出行与可持续交通发展,持续改善城市交通环境,助力实现我国碳中和的远大战略目标。

  本书依托国家重点研发计划项目(2018YFB1601600)成果编写。在此,感谢高德地图大云图智慧交通团队、人民交通出版社股份有限公司等单位的支持和帮助。在5G时代即将到来的今天,高德地图也在加快布局更先进的数据服务,力争全面提升服务能力和应用价值,创造出更多新的应用场景。

PREFACE 1 序一

《易经》云:"天地交而万物通也。"交通是人类生存、生产、生活及发展所依赖的人和物的移动,是世间万物的交(链接)与通(达)。交通系统是一个复杂的巨系统,涉及与经济社会发展高度关联的交通需求,自行车、汽车、火车、船舶、飞机等运输工具,道路、轨道、港口、机场等交通设施,空间、能源等交通资源,步行者、骑行者、驾驶人等交通参与者,政策、法规等交通规则,以及互相关联的交通信息等。基于系统观,任何一个系统又是其所属的更大系统的子系统,所以,广义的交通系统还应与城市系统、社会系统以及经济系统高度融合,可谓"交通乃世界,世界乃交通"。纵观人类社会的每一步发展,无不与交通领域科技进步密切相关,交通强方城市强、国家强。

与此同时,伴随着人类社会的快速城镇化,人们的交通需求不断增长,机动化进程不断加快。受限于资源的供给,交通设施已难以满足人们无限增长的交通需求,交通拥堵、资源消耗、环境污染、交通事故、交通供给不均衡等交通领域的问题已成为人类可持续发展的重大挑战之一。自百年前汽车发明以来,人们探索交通问题解决对策的脚步从未停歇。交通工程学作为20世纪30年代产生的应用科学原理和工程技术,研究交通系统的规划、功能设计、运行管理,确保客货运输安全、高效、快捷、舒适、方便、经济、与环境协调,为破解人类所面临的交通问题发挥了巨大的作用。然而,随着时代的发展,交通运输系统的复杂性和交通问题的挑战性越来越强,交通科技亟须与时俱进、创新发展。

20世纪80年代,世界范围内交通状况急剧恶化,冷战结束后高科技民用化,同时亟须发展新产业。在此背景下,基于信息技术的智能交通系统(Intelligent Transport Systems,ITS)被提出。进入21世纪,物联网、移动通信与移动互联网、大数据、人工智能和云计算等高新技术快速发展,更引发了交通运输系统再变革,以动态网联和高度智能为特征的新一代智能交通系统初现端倪。智能交通系统的提出与发展,极大地促进了交通运输系统科技创新,为真正意义上认知复杂交通运输系统、全面破解交通难题提供了可能,同时还创造出巨大的产业空间。

高德地图城市交通"评诊治"智能决策SaaS系统(简称"评诊治系统"),正是我国近10年在智能交通领域基于移动互联网、大数据和人工智能取得的一个代表性成果。我国的交通系统是全球规模最大、结构最复杂、参与者数量最多、个体行为显著差异、大型活动与事件高频的复杂巨系统,高德地图深耕于此,针对传统的交通对策与治理手段系统化水平低、问题分析困难、决策严重缺乏数据支撑并过于依赖人工经验、难以即时检验和评价交通改善措施效果、交通问题难解等顽疾,整合了高德地图的动态数据和一些静态数据,并将其转化为有价值的知识,从而形成高德地图城市交通"评诊治"智能决策SaaS系统,服务于城市交通综合治理。这本著作正是聚焦此系统的原理,并详细介绍其在杭州的实践应用,对于城市交通工作者具有重要的借鉴意义。

阅读此书,心生感佩。记得2017年5月在同济大学建校110周年校庆的学术会上,我与应邀作学术报告的高德软件有限公司董振宁总裁(本著作编委会主任)相邻而坐,围绕高德地图数据运用相谈甚多。未曾想同年12月7日,高德地图便正式宣布携手中国公路学会,成立未来交通与城市计算联合实验室(Joint Laboratory for Future Transport and Urban Computing,简称"联合实验室"),并聘请了多所大学的专家入驻。本人也有幸应邀加入联合实验室,合作研究"城市交通CT"技术,得到了高德地图的大力支持。彼时,多个互联网企业针对国内城市交通推出了各式各样的出行报告,对各城市交通拥堵程度进行排名。由于各企业普遍参考的国家标准仅是基于小汽车交通拥堵指数作为城市交通拥堵指标,而未考虑城市公交和非机动交通等的发展水平,故本人建议应重构城市交通评价指标体系。很高兴高德地图第一时间采纳了我的建议,构建了基于六宫格的城市交通健康指标体系,并发布出行报告,产生了良好的社会反响。高德地图高度重视产学研用合作,不断创新,以改善我国城市交通为使命,令人印象深刻。

随后的几年里，高德地图面向交通与运输管理、交通规划等领域的交通科研院所、大专院校以及政府交通相关部门的业务需求，充分利用其自有的脱敏驾驶导航数据、位置服务数据、实时公交数据、基础地图数据等多种动静态互联网交通大数据能力，依托行业沉淀多年的专业治理能力构建的交通"评诊治"知识图谱，融合位置服务(LBS)、地理信息系统(GIS)、数据可视化和人工智能(AI)及云计算等多种专业技术，研发了评诊治系统。该系统可从宏观、中观、微观层面帮助用户全方位认知城市/区域道路基础设施建设和应用情况，以及学校、医院、商场、地铁站场景交通运行健康状况、时空拥堵特征和通勤出行规律，并基于"发现交通病灶＋找准病因＋对症提供药方＋治疗效果评价"的闭环思想，提供用于精细化交通治理的可量化解决方案及智慧决策，助力交通治理过程的数据化、信息化、智能化、科学化，以及高效化的各类业务需求。

交通是兴国之要、强国之基。2019年9月19日，中共中央、国务院印发《交通强国建设纲要》，明确从2021年到本世纪中叶，我国将分两个阶段推进交通强国建设，到2035年，基本建成交通强国。第四次科技革命浪潮正推动人类社会开启智能化时代，相信在我国交通行业同仁们的不懈努力下，以技术创新为驱动，以数字化、网络化、信息化、智能化、科学化为主线，与城市发展随行的"交通病"必将得以有效治理，一个便捷顺畅、经济高效、绿色集约、智能先进、安全可靠的交通运输系统必将实现。

受邀为《高德地图城市交通"评诊治"智能决策SaaS系统及应用》作序甚感荣幸。相信本著作的出版，不仅可为我国城市交通治理提供技术支撑，助力交通强国建设，还将开拓我国交通大数据及交通领域人工智能技术的研究与应用，并为新时期交通学科建设与发展提供宝贵的助益。

同济大学教授
智能交通运输系统(ITS)研究中心主任
杨晓光
2022年5月1日于同济园

PREFACE 2 序二

　　交通拥堵是各国城市交通管理者挥之不去的"城市病",是居民司空见惯的"慢性病",也是专家学者苦思冥想的"疑难病"。缓堵治堵是世界性难题,通过科技创新推动城市交通治理已经成为普遍共识。

　　习近平总书记提出要树立全周期管理意识,加快推动城市治理体系和治理能力现代化,努力走出一条符合超大型城市特点和规律的治理新路子。城市交通管理作为城市治理的重要组成部分,肩负着重要使命。超大城市和大城市的交通系统复杂多变,交通管理工作中仍旧面临诸多难题,例如无法全面实时感知交通系统状态、难以针对具体问题精准施策等。城市交通治理需要多措并举和多方努力,高德地图近些年在城市出行、交通管理等方面进行了积极尝试和探索,积累了成功经验,贡献着企业力量和高德方案,其中高德地图城市交通"评诊治"智能决策SaaS系统正是理念创新和技术创新结合的典型代表。

　　破解精细化城市治理的金钥匙是建立在新兴数据采集方式上的大数据技术。高德地图作为行业领军企业,持续积累的交通大数据资源是智能交通管理的动力源泉。本书深入浅出地介绍了高德地图城市交通"评诊治"智能决策SaaS系统的基本内容,涉及人工智能、云计算、地理信息系统、数据可视化等多领域技术,同时涉及交通规划、交通信息与控制、交通管理等诸多学科,在体现专业性的同时兼顾了可读性。实战应用是本书的重点,也是特色,书中选择了该系统实际应用的区域——杭州市滨江区,分别针对互联网产业园、医院、学校、地铁站、商圈、诱导屏、高架道路等7个场景详细介绍了"评—

诊—治"全过程实践情况。本书以"互联网＋交通大数据为基础,总结分析了大数据在城市交通拥堵多维度感知、精细化管控、全方位评价方面发挥的作用,相信会给读者带来启发。

本书的编委会高德地图大云图智慧交通团队是一支有着非常扎实的专业基础和实践经验的队伍,自2014年起与清华交通团队建立了深度合作关系,取得了一系列具有实用价值的科研成果,例如《中国主要城市交通分析报告》、高德明镜系统以及智慧交通平台等,为国家部委和地方交通管理部门提供了强有力的决策支撑。

就像书中所说,高德地图将数据资源转化为有价值的知识,最终让这些知识服务于城市交通综合治理。未来,城市交通将朝着智能化、网联化、协同化方向发展,大数据在提升城市交通治理能力方面将发挥更加重要的作用,如何充分发掘数据价值仍然是城市交通领域探索和研究的重点,本书记述的高德团队在智慧交通大数据领域的开创性探索具有重要的历史意义,相信一定可以成为智能交通领域管理者、研究者和行业从业者的重要参考。

清华大学副教授

李瀚

2022 年 4 月于北京清华园

FOREWORD 前言

交通拥堵是世界各国面临的共同挑战。中国拥有全球规模最大、结构最复杂、参与者数量最多、个体行为差异最大、重大活动事件最频发的交通网络,面对我国当前呈井喷式增长的交通需求及大中城市持续恶化的交通运行状态,传统交通治理手段相对单一、决策周期过长、数据支撑不足且过于依赖人工经验,用于检验治理效果的评价结果更新频率和效率无法匹配瞬息万变的交通特征,拥堵治理效果不明显。针对这些问题,交通运输部2020年8月发布《关于推动交通运输领域新型基础设施建设的指导意见》指出,要以习近平新时代中国特色社会主义思想为指导,深入贯彻党的十九大和十九届二中、三中、四中全会精神,坚持以新发展理念引领高质量发展,围绕加快建设交通强国总体目标,以技术创新为驱动,以数字化、网络化、智能化为主线,以促进交通运输提效能、扩功能、增动能为导向,推动交通基础设施数字转型、智能升级,建设便捷顺畅、经济高效、绿色集约、智能先进、安全可靠的交通运输领域新型基础设施。

如今,人类社会已经进入"数智化"时代,中国互联网行业也历经20多年的高速发展,沉淀了海量有价值的数据,数据已经成为重要的资源。透过这些数据,我们可以了解、发现、探索整个城市的出行规律。我们对这些数据进行整合,将数据资源转化为有价值的知识,最终让这些知识服务于城市交通综合治理,高德地图城市交通"评诊治"智能决策SaaS系统(以下简称"评诊治系统")应运而生。

评诊治系统充分利用高德地图自有超6亿月活跃用户的脱敏驾驶导航数据、位置服务数据、实时公交数据、基础地图数据等多种动静态互联网交通大数据能力,依托行业沉淀多年的专业治理能力构建的交通"评诊治"知识图谱,基于人工智能(AI)、云计算、基于位置的服务(LBS)、地理信息系统(GIS)、数据可视化等多种专业技术能力融合研发而成,面向公安交管、交通运输管理、交通咨询、交通规划机构及科研院校等整个交通行业,提供可落地的、具有智慧决策能力的软件即服务(SaaS)平台。通过评诊治系统,全方位认知城市/区域道路基础设施、交通运行健康状况、时空拥堵特征和通勤出行规律,基于"发现交通病灶+找准生病原因+对症提供药方+治疗效果评价"的创新闭环理念,提供用于精细化治堵的可量化解决方案,助力数据化、智能化、科学化地高效解决在交通拥堵治理过程中面临的各类业务难题。

从2020年至今,评诊治系统落地杭州市滨江区,全面服务滨江区全域交通综合治理,在互联网产业园、学校、医院、商场、地铁站、高架道路等场景数十个治堵方案中,整个数据服务贯穿交通治理前、中、后的全链路。在治理前,系统数据对全域交通综合"问诊",找准"病因",避免大海捞针;治理中,锁定问题"病灶"的"靶向治疗建议";治理后,对治理效果的跟踪监控评价,提供闭环的大数据智能化服务(图0-1)。滨江区通过"互联网+交通"综合治理的新理念、新方法,不仅为业务提效增速,同时治堵效果有目共睹,提升了百姓出行的幸福感、获得感、满足感。高德地图把这些宝贵的成功经验沉淀成为方法论并形成应用案例集,希望为全国交通运输主管部门、交通咨询机构和科研院校提供经验借鉴,不忘初心,共同为中国城市交通治理分忧解难,为构建安全、便捷、高效、绿色、经济的现代化综合交通运输体系而努力。

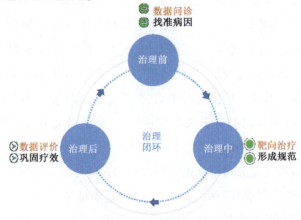

图0-1 "互联网+交通"综合治理新理念新方法

由于高德地图产品及服务版本升级、调整或其他原因,线上产品有可能变更或存在与本书内容信息不一致现象,还请及时关注更新。系统中所使用的数据均为去隐私化处理后的脱敏数据,数据和数据使用方法符合《中华人民共和国数据安全法》《中华人民共和国个人信息保护法》等法律法规相关要求。我们将实际落地且行之有效的实践经验分享出来,希望为城市智慧交通的快速发展提供一些方向和思路,期待与社会各界携手共建良好的交通创新生态,如您对本书有任何意见和建议,欢迎向 traffic-report@ service.alibaba.com 发送邮件指正。在此,感谢高德地图大云图智慧交通团队、人民交通出版社股份有限公司等单位的支持和帮助。

作　者

2022 年 1 月 25 日

CONTENTS 目录

第1章 城市交通"评诊治"智能决策 SaaS 系统

1.1 评诊治系统研发背景 ……………………………………………… 1
1.2 评诊治系统设计理念 ……………………………………………… 2
1.3 评诊治系统产品介绍 ……………………………………………… 3
1.4 评诊治系统功能概况 ……………………………………………… 4
1.5 评诊治系统总体架构 ……………………………………………… 5
1.6 评诊治系统指标定义 ……………………………………………… 6
1.7 评诊治系统应用场景 ……………………………………………… 14
1.8 评诊治系统服务城市 ……………………………………………… 15

第2章 杭州市滨江区交通评诊治系统应用场景

2.1 杭州市滨江区 8 大治堵应用场景 ………………………………… 17
2.2 大数据治堵滨江经验 ……………………………………………… 18

第3章 治理前:交通 CT 诊断报告

3.1 现状问题 …………………………………………………………… 20
3.2 数据问诊 …………………………………………………………… 21
3.3 案例小结 …………………………………………………………… 28

第 4 章　治理中：系统实战应用

4.1　场景一：互联网产业园 …………………………………… 30
4.2　场景二：医院 ………………………………………………… 53
4.3　场景三：商圈 ………………………………………………… 67
4.4　场景四：学校 ………………………………………………… 84
4.5　场景五：地铁站周边 ………………………………………… 91
4.6　场景六：路段诱导屏 ………………………………………… 104
4.7　场景七：高架道路 …………………………………………… 120

第 5 章　治理后：实施效果评价

5.1　评价功能简介 ………………………………………………… 128
5.2　实施效果监测 ………………………………………………… 129

第 6 章　专家视角

参考文献

第1章

CHAPTER 1

城市交通"评诊治"智能决策SaaS系统

1.1 评诊治系统研发背景

随着城市现代化进程的加速,城市人口与机动车数量不断增加,伴随而来的交通拥堵问题日益显著,严重影响人们生活与出行效率。交通拥堵已经成为中国的城市病,高德地图发布的《2021年度中国主要城市交通分析报告》显示:与2020年相比,2021年全国50个主要城市中有60%的城市路网高峰行程延时指数(实际行程时间与畅通状态下行程时间的比值,值越大表示出行延时越高)上升。高德地图城市交通运行分析数据显示,如果高峰时段在全国最拥堵的10座城市中驾车出行,需要花费比平时多近一倍的出行时间,交通拥堵问题严重。一方面,我国城市的土地利用、道路基础设施和路网结构已经基本成型,调整空间有限。另一方面,传统交通治理主要依托人工排查,分析与决策效率低、周期长,总体效果不尽如人意,主要有以下三个方面原因:

(1)对交通运行状况评价不到位。一是既有评价指标相对单一、模糊、不够精准,且大量重要指标统计代价高,甚至无法获取,如路网实时车辆数与承载力、公交出行全过程中每个环节的耗时或服务水平等;二是同类城市相同指标统计口径难以统一、对比难度大,且历史数据积累不足,较难研判发展趋势。

(2)对交通拥堵成因诊断不全面。一是传统的交通治理手段以抽样统计为主,无法持续监测运行特征,所分析成因可能与实际问题有偏差;二是传统手段难以对拥堵问题追根溯源,精细化、精准化分析能力不足。

（3）治理措施迭代慢、业务缺闭环。一是传统交通治理主要依赖人的主观经验，对人员素质依赖过高，且治理措施经验更新迭代慢；二是传统治理措施的制定与实施以行政管理部门为主，与出行者（C端）的互动不足，市民参与及配合度低、体感差，业务缺闭环；三是传统治理手段实施效果评估周期长，且缺少动态跟踪、滚动优化机制。

另外，在智能化管理方面，目前行业建成了不少针对交通拥堵治理的信息化系统，但这些信息化系统基本以交通运行态势监测与基本交通运行评价为主，管理者依靠评价信息人工研判并制定拥堵治理措施，无法做到数据治理的科学闭环，缺乏"上帝视角"般的多因素、全方位的综合诊断及自动生成决策建议，实际治理效果并不明显。

交通作为我国基础设施建设中的重要一环，智慧化已成为交通运输系统的显著特征。在数字化新基建的大潮之下，智慧交通已逐步成为中国交通领域深化改革和适应互联网发展的重要抓手。国家在交通运输新基建顶层设计中明确指出"先进信息技术深度赋能交通基础设施，精准感知、精确分析、精细管理和精心服务能力全面提升，成为加快建设交通强国的有力支撑"。

1.2 评诊治系统设计理念

评诊治系统设计理念与国家对于先进信息技术深度赋能交通基础设施，实现"精准感知、精确分析、精细管理和精心服务能力全面提升"的需求高度匹配。高德地图依托交通数据和人地关系位置数据，以及直接触达用户的信息发布与调度能力，针对传统交通拥堵综合治理业务面临的对交通运行状况评价不到位、对交通拥堵成因诊断不全面、治理措施迭代慢、业务缺闭环等问题，研发了城市交通评诊治系统，免部署、免安装，使得综合交通运行评价、问题诊断、效果评估以及交通特征分析更加高效、精准。

随着科技的不断发展，互联网、大数据、云计算、物联网等新兴技术早已渗透到各行各业。在"互联网+"背景的影响下，传统的交通行业正在发生着巨大变革，正走在从单一感知向"智慧感知、全网连接、协同控制直至智慧决策"转型升级的道路上。数据治理、用数据"说话"是未来城市交通治理必备的重要能力。

随着算法和算力的增强，数据可快速转化为信息并沉淀形成知识图谱，使得从认识到诊断和治理城市交通成为可能。评诊治系统先从交通评价入手，对城市交通的基本状态进行全方位、多维度扫描，再利用机器学习、知识图谱并结合行业规范和专家经验，对拥堵问题进行诊断，进而形成针对各个不同业务场景、贴合实际的针对性治理方案。通过基于交通大数据的综合交通运行评价、交通特征精细分析、交通问题诊断、治理策略制定与发布、治理效果动态监测等一系列城市交通智慧化管理决策支持服务,为城市交通综合治理提质增效。

1.3 评诊治系统产品介绍

评诊治系统提供给用户一个易用、安全、高效的基于互联网的 SaaS 数据交互系统。评诊治系统包含 14 大项、上百个子项的系统功能,并且新的功能还在持续不断地升级和完善中(图1-1)。该系统可以满足互联网请求访问,不需要安装,用户使用和维护成本低;同时,系统提供 80 余项完善的数据接口服务,可以根据客户的个性化需求在该平台基础上进行二次开发或者与其他业务系统集成。

图 1-1 评诊治系统界面

1.3.1 简单易用

(1)运行在互联网环境下,不需要安装程序及其他软件,成本低;

(2)根据时空需要查询所需数据,学习成本低,评价、诊断、治理文字分析结论和提示随处可见,所见即所得,无须过多培训;

(3)提供强大的数据下载功能,用户可结合自有数据进行二次分析研判;

(4)强大的 GIS 交互和数据可视化视觉呈现,使得时空趋势分布一目了然;

(5)后端海量数据依托云服务,使得数据查询请求高效灵活;

(6)使用 Vue 技术栈,页面加载秒级响应。

1.3.2 系统特性

（1）手机+验证码登录，更好地保护用户账户安全，同时避免账号注册、密码丢失等烦琐问题；

（2）具有强大的基于组以及角色的权限机制，提供完善灵活的角色权限配置管理服务，保证管理简单、使用安全；

（3）除城市/行政区等标准空间范围外，还提供任意自定义空间区域的评诊治分析功能，数据服务更加灵活便捷；

（4）自定义查询结果实时保存，支持历史任务回溯。

1.4 评诊治系统功能概况

评诊治系统充分利用高德地图互联网交通大数据能力，结合行业多年积累的交通模型和治理分析经验，基于人工智能（AI）技术全方位分析拥堵区域的道路基础设施、交通运行健康状况和时空拥堵规律，"一键生成"针对性治理建议并应用到各类城市交通拥堵场景中，为城市交通精细化、精准化、科学化管理提供重要参考依据。系统主要为城市或片区提供全方位交通健康电子计算机断层扫描（CT）"体检"，构建"发现交通病灶+找准生病原因+对症下药+改善成效"的全链路闭环分析系统，从"评"到"诊"再到"治"，全方位为城市管理者提供量化参考依据，助力城市高效治堵。系统尝试将数据分析的应用扩展到交通诊断和交通治理，发挥高德地图所拥有数据的更大价值。简单来讲，评诊治系统可以类比为"交通医生"，通过数据实现对城市的全方位CT体检，形成"定位病灶、找到病因、对症下药、效果评估"的治理闭环。

评诊治系统共设计四大核心系统功能模块："交通健康体检""交通精细诊治""运行跟踪评价"和"工具组件分析"（图1-2）。

图1-2 评诊治系统模块

"交通健康体检"：从城市发展、交通需求、路网运行、道路设施、公交服务、安全水平等多个维度，计算100多项评价指标，全面扫描所选区域综合交通发展情况，排查初步问题，并全自动一键输出区域健康体检报告及治理建议，满足交通管理者快速定位问题的需求，有的放矢地治理交通核心问题。

"交通精细诊治"：从宏观、中观、微观层面全自动剖析各类问题，提出诊断与治理建议，包括交通需求特征、路网基础状况、交通运行情况、主要通勤路径、兴趣区（Area of Interest，AOI）强吸引区域、问题路段、问题路口等多个模块。

"运行跟踪评价"：对治理措施实施后的效果进行评估，包括区域拥堵改善效果的全方位评价，特殊管理措施事件的动态运行监测。

"工具组件分析"：具备包括区域流量过饱和分析、任意路段起讫点（OD）溯源、停车强需求路段挖掘等核心功能。

系统可视化服务主要为系统前端可视化的服务模块，包含道路分等级渲染可视化、交通流量渲染可视化、任意路段时空拥堵热力图、匝道流入流出简图、路口诊断图、通勤可视化分布图、数据报表可视化等主要功能模块。

鉴权服务模块主要包含用户登录鉴权、申请体验等功能模块。

系统提供数据查询和下载服务，包括按照城市/行政区和自定义面域，按照日/周/月/时，按照通勤/假日等特征日，按照早高峰/晚高峰/平峰时段等不同时空范围组合的数据查询和下载服务；同时可以便捷地生成报告，再分发、打印和下载。

1.5 评诊治系统总体架构

评诊治系统与传统交通信息系统有显著差异，分析结论将利用互联网大数据与行业数据相结合的模式，对城市区域做全方位扫描诊断，治理各环节做到"有数可依"。

评诊治系统由数据层、支撑层、应用层组成，整体部署在互联网，最终通过应用层对外提供SaaS服务（图1-3）。其中，数据层的数据主要来源于互联网导航与地图平台的驾车导航数据、基于位置服务的OD数据、实时公交数据，以及国家或行业标准规范准则，通过大数据平台对原始数据进行脱敏、纠偏、归纳，最终入库形成可供支撑层使用的数据服务，快速满足支撑层的业务需求。

指标体系的搭建主要以交通拥堵评价数据、路口评价数据、通勤OD数据、导航数据、出行规划数据、矢量地图数据、公交线网静态数据、实时动态公交数据为数据基础；以出行规划引擎、优劣解距离法（TOPSIS）、交通熵权法、OD熵、K均值（K-means）、聚类分析为核心算法和引擎,全面建立含通勤场景的城市道路交通评诊治分析体系,切实指导各项指标体系模型建设。

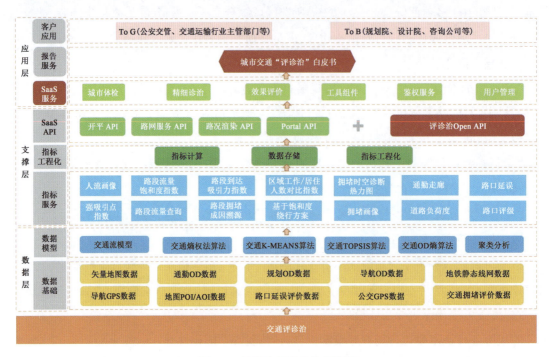

图1-3 评诊治系统总体架构图

1.6 评诊治系统指标定义

整个评诊治系统支撑层由数十项交通评价、交通诊断、交通治理指标体系构建而成,包括城市交通宏观、中观、微观层面的时间、空间、强度等各项指标。最核心的指标体系包括:评价城市交通拥堵程度的交通拥堵延时指数,评价城市交通运行现状的交通健康指数,评价交通信号控制路口延误的路口延误指数等指标体系,评价道路负荷度的路段饱和度指标,评价目的地热度的到达兴趣点(Point of Interest,POI)吸引力指数,评价车辆过境或非过境的停车强需求指数等。针对重要的评价指标做详细定义如下。

1.6.1 基础路网分析

1)路网密度

路网密度是指区域内道路里程/区域面积,单位为 km/km²,是用于评价区域道路网是否合理的基本指标。

2）道路级配

道路级配是指基于区域内不同等级道路里程，计算各等级道路里程之比，用于评价区域内不同等级道路配比的合理性。

3）流量分担率

流量分担率是指区域内各等级道路车流量占比，车流量为去重后的车辆数，用于评价区域内不同等级道路流量分担的合理性。

1.6.2　交通运行分析

1）驾车活力指数

驾车活力指数是指城市驾车导航出行量相比历史相同特征日平均出行量的变化率，用于反映和刻画城市交通活力的变化情况。

2）交通健康指数

随着城市交通复杂性的增加和智能交通的飞速发展，单一指标的评价和诊断已不能满足我国交通运行多样化评测的要求。参考国内外权威机构对于城市交通运行状态评估的理论方法体系和相关实现技术，建立城市交通诊断评价模型，即"交通健康指数"综合性评价方法，可以全面刻画城市交通运行状况。该指数由六项交通运行指标组成，用于对城市进行全方位立体化运行健康评价分析（图1-4）。

图 1-4　"交通健康指数"六项交通运行指标

"交通健康指数"算法沿用国际通用的信息熵方法确定评价指标权重（该方法在政府权威部门、社会经济及学术领域报告中已经普遍应用），并采用TOPSIS正负理想解的计算方法进行排名，最终评分结果代表各城市六宫格指标与理想值之间的接近程度，其中多项指标兼容《城市道路交通组织设计规范》（GB/T 36670—2018）中的交通组织方案评价（图1-5）。

（1）权重确定方法——熵值法。

①各项指标运用最大最小值归一化处理，并考虑指标的正反向进行调整。

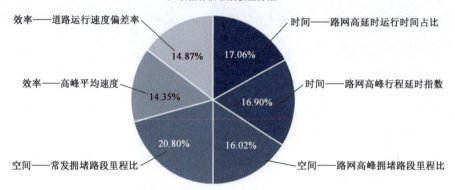

图 1-5 "交通健康指数"计算方法

②计算第 j 项指标下第 i 个样本值占该指标的比重：

$$p_{ij} = \frac{x_{ij}}{\sum_{i=1}^{n} x_{ij}}, i = 1, \cdots, n, \quad j = 1, \cdots m \tag{1-1}$$

③计算第 j 项指标的熵值：

$$e_j = -k \sum_{i=1}^{n} p_{ij} \ln(p_{ij}), \quad j = 1, \cdots, m \tag{1-2}$$

④计算信息熵冗余度：

$$d_j = 1 - e_j, \quad j = 1, \cdots, m \tag{1-3}$$

⑤计算各项指标权重：

$$w_j = \frac{d_j}{\sum_{j=1}^{m} d_j}, \quad j = 1, \cdots, m \tag{1-4}$$

（2）排名得分方法——TOPSIS。

①利用历史数据固定 TOPSIS 的最优最劣值。

②运用固定的最优最劣值对数据进行归一化处理，并考虑指标的正反向进行调整。

$$z_{ij} = \frac{x_{ij} - \min}{\max - \min}, z_{ij} = \frac{\max - x_{ij}}{\max - \min} \tag{1-5}$$

③利用欧式距离计算与最优最劣目标的距离，并乘以权重：

$$D_i^+ = \sqrt{\sum_{j=1}^{m} w_j (Z_j^+ - z_{ij})^2}, D_i^- = \sqrt{\sum_{j=1}^{m} w_j (Z_j^- - z_{ij})^2} \tag{1-6}$$

④计算各评价对象与最优方案的贴近程度：

$$C_i = \frac{D_i^-}{D_i^+ + D_i^-} \tag{1-7}$$

"交通健康指数"值越高说明离理想值越近，城市交通运行相对越健康；值越低则说明多项指标距离理想值越远,相对越不健康;值越接近1,表示评价对象越优秀。在城市交通健康指数中,所得结果即代表着该城市交通健康水平与最优目标的接近百分比。"交通健康指数"各分项指标见表1-1。

"交通健康指数"各分项指标含义　　　　　　　　　　　　　　表1-1

序号	指标维度	指标名称	含　义
1	时间	路网高延时运行时间占比	道路网交通拥堵程度高于1.5的累计时长占全天时长的比例,从时间分布的角度反映路网拥堵程度和变化趋势
2	时间	路网高峰行程延时指数	高峰期实际旅行时间与自由流(畅通)状态下旅行时间的比值,值越大表示出行延时越高,反映高峰期出行延误程度
3	空间	路网高峰拥堵路段里程比	高峰期道路处于拥堵、严重拥堵的路段里程占总发布里程的比例,从空间分布的角度反映高峰期道路网交通拥堵的影响范围
4	空间	常发拥堵路段里程比	道路网中以一定频率出现严重拥堵的路段里程比例,从空间分布的角度反映交通拥堵发生的聚集性
5	效率	高峰平均车速	反映路网中车辆行驶的平均速度
6	效率	道路运行速度偏差率	路网每日速度标准差与平均速度的比值,值越大速度变化越大,从相对角度反映速度变化的差异和离散程度

3) 拥堵延时指数

交通评价中时间维度最重要的"拥堵延时指数"指标定义为:实际出行时间相比自由流情况下出行时间的倍数。根据区域内路段集合,按照不同时间维度统计需求,计算这些路段在统计间隔内平均行程时间与自由流时间按照通车数量加权求和的比值,即可得到该统计时间段内区域的拥堵延时指数。例如:自由流情况下从A地到B地花费1h,而当前驾车出行用了2h,那么当前拥堵延时指数就是2。其计算公式:拥堵延时指数=实际行程时间/自由流(畅通)状态下行程时间。

计算方法:根据查询空间范围内的路段集合,按照不同时间维度统计需求,计算这些路段在统计间隔内平均行程时间与自由流时间加权求和的比值,得到该统计时间段内的拥堵延时指数。"拥堵延时指数"对应的交通运行状态见表1-2。

"拥堵延时指数"对应的交通运行状态　　　　　　　　　　　表1-2

对　象	畅　通	缓　行	拥　堵	严重拥堵
区域	[1,1.5)	[1.5,1.8)	[1.8,2.2)	2.2以上
道路	[1,1.5)	[1.5,2.0)	[2.0,4.0)	4.0以上

4) 高延时运行时间占比

高延时运行时间占比是指区域/道路交通拥堵程度高于1.5的累计时长占全天时长的比例,从时间分布的角度反映路网拥堵程度和变化趋势。

5）拥堵路段里程比

拥堵路段里程比是指道路处于拥堵、严重拥堵（即高德地图路况发布红、黑红的路段）的里程占总发布里程的比例，从空间分布的角度反映道路网交通拥堵的影响范围。

6）常发拥堵路段里程比

常发拥堵路段里程比是指道路网中以一定频率出现严重拥堵的路段里程比例，从空间分布的角度反映交通拥堵发生的聚集性。季度常发拥堵路段里程比为每个季度中有 2 个月（含）以上、每月都有 3 周（含）以上、每周有 4 个工作日（含）以上、每天有 1 小时（含）以上处于严重拥堵状态的路段里程占总发布里程的比例；年常发拥堵路段里程比为一年中有 6 个月（含）以上、每月有 3 周（含）以上、每周有 4 个工作日（含）以上、每天有 1 小时（含）以上处于严重拥堵状态的路段里程占总发布里程的比例。

7）平均速度

平均速度是指空间范围内车辆行驶的平均速度，单位为 km/h。

8）道路运行速度偏差率

道路运行速度偏差率是指每日道路运行速度标准差与平均速度的比值，值越大表示速度变化越大，从相对角度反映速度变化的差异和离散程度。

1.6.3 路段交通评诊治

1）路段饱和度

路段通行能力是指道路设施所能疏导交通流的能力，即单位时间内能通过的最大交通量。路段饱和度是指道路车流的实际交通流量与其通行能力的比值，是反映道路服务水平的重要指标之一。路段饱和度从供需角度反映了道路的服务水平。路段饱和度越大，其服务水平越低；路段饱和度越小，其服务水平越高，可诱导空间越大。

2）各等级道路过饱和里程比

区域内各等级道路的过饱和路段里程占比，是评价不同等级道路服务水平的重要指标之一，反映流量需求分布的均衡性。

3）道路拥堵时空面积

拥堵时空面积指时空范围内平均速度小于拥堵速度阈值的总时空面积，是发生拥堵路段的里程与拥堵时间乘积之和，从时间和空间角度反映路段拥堵程度。道路拥堵时空面积高的路段,即为堵点。

4) 路段到达吸引力指数

从车辆轨迹的出行行为,可以区分路段上的过境流量和到达流量,路段到达吸引力指数 = 到达流量/总流量,从道路到达率可以感知停车需求高的路段,以获取潜在停车强需求点,进而为相关部门设置停车位提供科学合理依据。

5) POI 到达吸引力指数

"强吸引 POI"是指造成道路到达率高的 POI,即为交通强吸引点,如医院、商场、学校、景区、写字楼等。"到达吸引力指数"为各 POI 吸引到达车辆的指数,用于挖掘停车强需求目的地。

1.6.4　路口交通评诊治

1) 延误指数

延误指数是描述信号控制路口运行状态的综合评估指数,与路口的停车延误和停车次数相关,计算方法为:延误指数 = 停车延误 + 10 × 停车次数,参考信号优化软件 Synchro 的权重选择相关参数。延误指数值越高,路口运行情况越差。

2) 服务水平

依据延误指数将路口服务水平划分 A ~ F 六个等级(A 最优,F 最差),当 E 和 F 等级路口较多时,则说明路口服务水平整体较低。路口服务水平评价和划分标准参考《Synchro Studio 9 用户指南》《美国道路通行能力手册》(HCM)和《建设项目交通影响评价技术标准》(CJJ/T 141—2010)。

(1) A 级服务水平:车辆运行的控制延误很小,最大到 10s/辆。这一服务水平意味绿波信号控制非常令人满意,大多数车辆在绿灯相位期间到达,不停车车辆的比例高,延误很小。

(2) B 级服务水平:车辆运行的控制延误为 10 ~ 20s/辆,出现在绿波较好或周期较短的情况下。

(3) C 级服务水平:车辆运行的控制延误为 20 ~ 35s/辆,出现在一般的绿波控制、周期较长的情况下。在 C 级服务水平下,个别信号周期可能开始出现失效,车辆不能在给定的绿灯相位通过,开始出现排队车辆。

(4) D 级服务水平:车辆运行的控制延误为 35 ~ 55s/辆。D 级服务水平是由于绿波信号控制不匹配、周期比较长以及路段交通量与通行能力之比(V/C)高等因素的组合作用,开始产生较大的延误,停车车辆的比例上升明显,信号周期失效现象增多。

(5) E级服务水平:车辆运行的控制延误为55～80s/辆。这种大延误通常表示绿波信号控制水平差、周期长和V/C比高,此时信号周期失效现象时常发生。

(6) F级服务水平:车辆运行的控制延误超过80s/辆。这一服务水平通常在过饱和状态,也就是车辆的到达流率大于车道组通行能力的时候出现。绿波差信号控制水平和长周期也可能造成低服务水平。

3) 排队长度

排队长度通过挖掘车辆停止、起动时刻,以及停车位置来确定。假定浮动车在排队队列中的空间分布符合泊松分布,利用数学期望,基于排队队列中浮动车的停车位置可计算得到最大排队长度。

4) 停车次数

停车次数是以速度为主要参数判断车辆的关键运动状态。挖掘车辆的停止、起动时刻,每一组停止—起动记为一次停车,以此反映平均每辆车通过交叉口需等待的信号周期数目。

5) 路口溢出

路口溢出是指车辆排队长度超过该交叉口与上游交叉口之间的路段长度,也称发生了交通溢出。

6) 路口失衡

路口失衡用于描述路口是否存在某个方向绿灯时长不足而另一个方向绿灯存在空放的现象,如图1-6所示(A～F代表路口服务水平,A最优,F最差)。

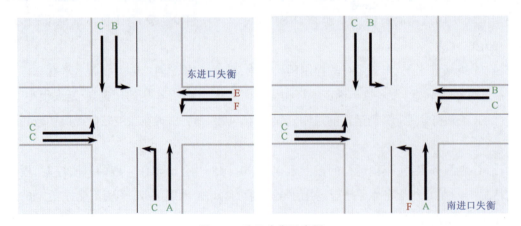

图1-6 路口失衡示意图

7) 右转低效

右转低效即路口进口道右转方向服务水平为E/F级。

8）转向失衡

转向失衡即早高峰某进口道直行(或左转)服务水平为 E/F，且左转(或直行)服务水平为 A/B/C/D；同时晚高峰该进口道直行(或左转)服务水平为 E/F，且左转(或直行)服务水平为 A/B/C/D。

9）转向潮汐

转向潮汐是指早高峰某进口道直行服务水平为 E/F，且左转服务水平为 A/B/C/D；同时晚高峰该进口道直行服务水平为 A/B/C/D，且左转服务水平为 E/F。或早高峰某进口道直行服务水平为 A/B/C/D，且左转服务水平为 E/F；同时晚高峰该进口道直行服务水平为 E/F，且左转服务水平为 A/B/C/D。

1.6.5　AOI 强吸引力点交通评诊治

1）AOI 各门口拥堵延时指数

AOI 各门口拥堵延时指数反映 AOI 强吸引力点周边道路拥堵情况，如医院、商场各门口道路的拥堵延时指数、平均速度等，反映强吸引力点周边道路拥堵程度。

2）AOI 主门口车辆停车等待时长

AOI 主门口车辆停车等待时长，是以速度为主要参数判断车辆的关键运动状态，挖掘车辆的停止、起动时刻，每一组停止—起动为一次停车，每次停止—起动时间间隔为一次等待时长。如医院、商场车辆入口处的停车等待时长。

1.6.6　区域通勤评诊治

1）区域工作/居住人数比指数

区域工作/居住人数比指数为区域内工作人数/居住人数，指数在 0.8～1.2 表示区域通勤分布均衡，反之不均衡。

2）区域通勤自足性

区域通勤自足性指在给定的地域范围内居住并工作的劳动者数量所占的比例，计算方法为通勤起终点都在区域内的人数/所有通勤人数。

3）区域驾车通勤里程和通勤时长

区域驾车通勤里程和通勤时长指区域下不同通勤类型(内—内/内—外/外—内)的用户

在早、晚高峰出行的平均驾车通勤里程、平均驾车通勤时长，是评价区域通勤成本的基本指标。

4）区域低性价比通勤占比

区域低性价比通勤占比指区域内通勤用户中，通勤时长/通勤里程＞判断标准的用户占比，其中判断标准基于研究区域对应城市所有通勤用户的通勤时间及距离分布，拟合均值水平线，得到 $y = ax + b$，作为高低性价比判断标准。

5）区域通勤走廊识别

基于区域内—内/内—外/外—内通勤用户的起终点分布，挖掘其驾车通勤路径，识别早、晚高峰期间通勤路径用户量高的关键道路，如"棠安路—科韵中路—科韵路中山大道立交—中山大道西—中山大道中"。同时基于起终点射线与正北方向的方位角进行判断得到廊道走向，例如"东—西"或者"南—北"，以及起终点描述信息。

6）区域通勤走廊拥堵延时指数

区域通勤走廊早、晚高峰拥堵延时指数与平均速度信息，反映通勤道路的拥堵程度。

7）任意路段 OD 回溯

任意路段 OD 回溯指基于给定的任意路段，挖掘途经此路段不同里程比例的通勤 OD 信息，包含通勤人数、平均驾车通勤里程、平均驾车通勤时长、平均公交通勤时长、平均公交换乘次数、平均公交步行距离等，其中公交包含地面公交车和地铁。

8）各出行方式通勤分担率

各出行方式通勤分担率表示区域内居住用户驾车、乘公交、乘地铁、骑车或步行的通勤人数占比。

1.7 评诊治系统应用场景

（1）对于公安交管部门：评诊治系统可以用于道路交通运行监测与态势研判，交通拥堵治理（信号优化等）、发布与评估，特殊事件（警情）处置、发布与评估，城市智能交通系统建设、城市交通大脑功能完善等。

（2）对于交通运输行业主管部门：评诊治系统可以用于综合交通运行监测、评价、态势研判与治理措施制定，宏观、中观交通需求管控政策措施决策支持，公共交通线网、运营、组织评价与优化，停车、慢行交通等专项设施布局优化与政策支持。

（3）对于交通规划院、交通咨询机构和科研院所：评诊治系统适用于各类交通规划咨询项目现状设施及交通需求的精细分析,交通治理、服务提升类项目拥堵问题评估、诊治支持,各阶段城市规划咨询项目现状用地、交通特征精细分析。

1.8 评诊治系统服务城市

评诊治系统充分挖掘并发挥"互联网+"交通大数据价值,将驾车导航、OD通勤和公共交通多元数据融会贯通,创新性地应用于不同场景下城市交通拥堵"评诊治"全流程,赋能城市交通精细化管控。同时,系统还提供数据应用程序接口和输出服务,高效实现互联网数据跨网融合政府部门专网数据,助力交通规划咨询项目在基础数据调研阶段大幅提高效率,为智能交通科研课题和交通运输专业人才培养提供真实数据和方向。

截至2021年底,评诊治系统服务可支持全国50多个重点城市的研判分析,具体城市分布见表1-3。

评诊治系统服务开通城市　　　　　　表1-3

开通城市	城市规模	开通城市	城市规模
北京	超大城市	宁波	Ⅰ型大城市
上海	超大城市	南宁	Ⅰ型大城市
广州	超大城市	合肥	Ⅰ型大城市
深圳	超大城市	厦门	Ⅰ型大城市
天津	超大城市	乌鲁木齐	Ⅰ型大城市
重庆	超大城市	南昌	Ⅰ型大城市
杭州	特大城市	长春	Ⅰ型大城市
成都	特大城市	福州	Ⅰ型大城市
西安	特大城市	太原	Ⅰ型大城市
郑州	特大城市	银川	Ⅱ型大城市
武汉	特大城市	兰州	Ⅱ型大城市
沈阳	特大城市	海口	Ⅱ型大城市
东莞	特大城市	佛山	Ⅱ型大城市
青岛	特大城市	无锡	Ⅱ型大城市
南京	特大城市	秦皇岛	Ⅱ型大城市
济南	特大城市	扬州	Ⅱ型大城市
哈尔滨	特大城市	温州	Ⅱ型大城市
昆明	Ⅰ型大城市	烟台	Ⅱ型大城市
长沙	Ⅰ型大城市	南宁	Ⅱ型大城市
苏州	Ⅰ型大城市	珠海	Ⅱ型大城市

续上表

开通城市	城市规模	开通城市	城市规模
惠州	Ⅱ型大城市	盐城	Ⅱ型大城市
呼和浩特	Ⅱ型大城市	宜昌	Ⅱ型大城市
江门	Ⅱ型大城市	拉萨	中等城市
贵阳	Ⅱ型大城市	阳江	中等城市
中山	Ⅱ型大城市	金华	中等城市
绍兴	Ⅱ型大城市	宿迁	中等城市
台州	Ⅱ型大城市	湖州	中等城市
常州	Ⅱ型大城市	汕尾	Ⅰ型小城市
柳州	Ⅱ型大城市	衢州	Ⅰ型小城市

第 2 章

CHAPTER 2

杭州市滨江区交通评诊治系统应用场景

2.1 杭州市滨江区 8 大治堵应用场景

杭州市滨江区自 2019 年起在政府领导下,多方合作,开展全域综合交通治理项目,评诊治系统全面应用其中,业务场景主要包括交通调查、互联网产业园、医院、学校、地铁站、商圈、诱导屏、高架道路等(图 2-1)。

交通调查

互联网产业园内部治堵

图 2-1

医院周边治堵

学校周边治堵

地铁站周边规范停车

商圈周边治堵

拥堵路段诱导屏

高架道路治堵

图 2-1　杭州市滨江区 8 大数据治堵场景图

2.2　大数据治堵滨江经验

基于城市交通"评价—诊断—治理"的全方位智能分析，构建了"治理前数据问诊 + 治理中靶向治疗 + 治理后数据评价"的全链路闭环的智能分析系统，以高德地图的数据为支撑，为城市管理者提供全智能、可量化的参考依据，助力杭州市滨江区精准高效治堵（图 2-2）。

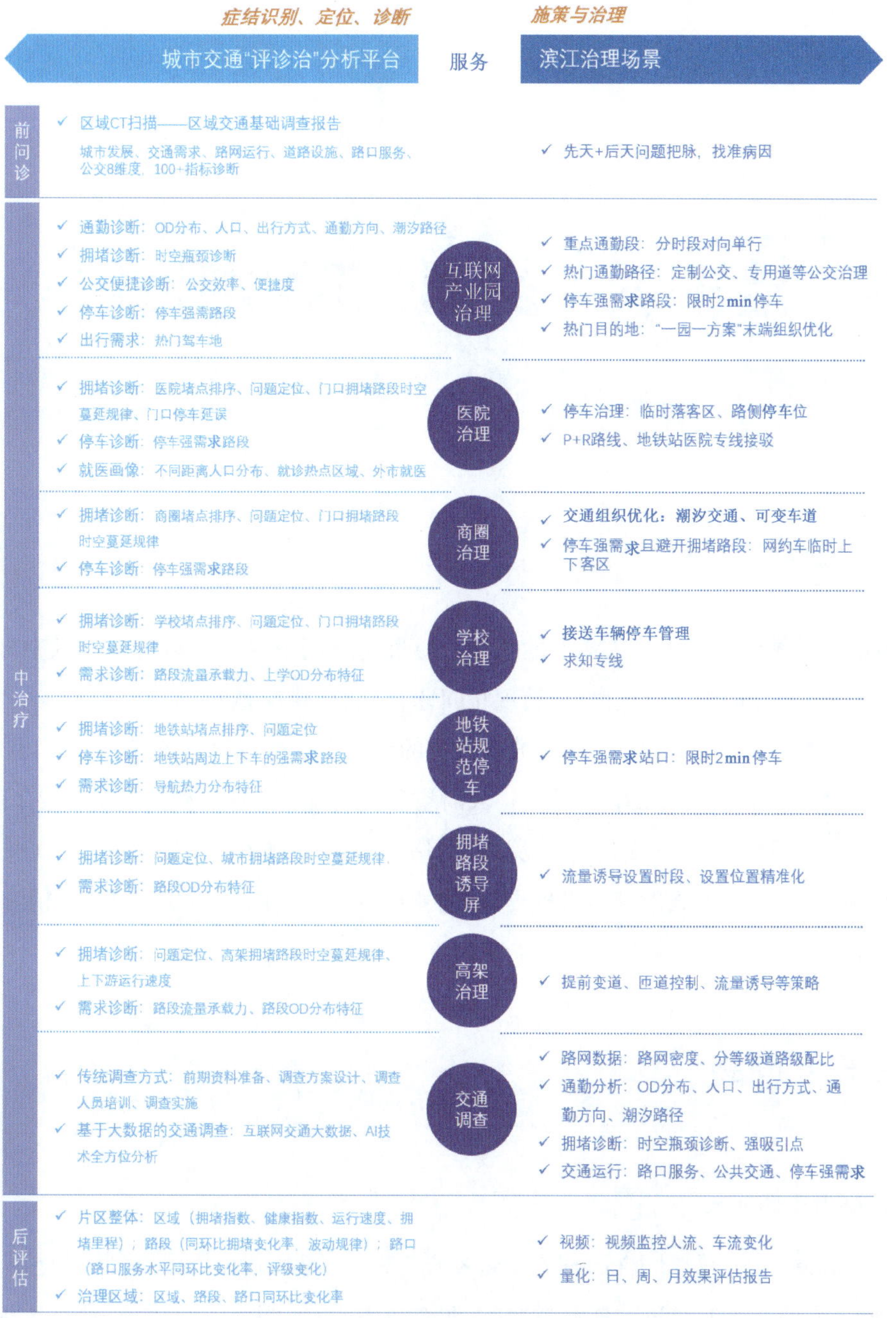

症结识别、定位、诊断　　　施策与治理

城市交通"评诊治"分析平台　服务　滨江治理场景

前问诊
- 区域CT扫描——区域交通基础调查报告
  城市发展、交通需求、路网运行、道路设施、路口服务、公交8维度、100+指标诊断
- 先天+后天问题把脉，找准病因

中治疗

互联网产业园治理
- 通勤诊断：OD分布、人口、出行方式、通勤方向、潮汐路径
- 拥堵诊断：时空瓶颈诊断
- 公交便捷诊断：公交效率、便捷度
- 停车诊断：停车强需求路段
- 出行需求：热门驾车地
- 重点通勤段：分时段对向单行
- 热门通勤路径：定制公交、专用道等公交治理
- 停车强需求路段：限时2min停车
- 热门目的地："一园一方案"末端组织优化

医院治理
- 拥堵诊断：医院堵点排序、问题定位、门口拥堵路段时空蔓延规律、门口停车延误
- 停车诊断：停车强需求路段
- 就医画像：不同距离人口分布、就诊热点区域、外市就医
- 停车治理：临时落客区、路侧停车位
- P+R路线、地铁站医院专线接驳

商圈治理
- 拥堵诊断：商圈堵点排序、问题定位、门口拥堵路段时空蔓延规律
- 停车诊断：停车强需求路段
- 交通组织优化：潮汐交通、可变车道
- 停车强需求且避开拥堵路段：网约车临时上下客区

学校治理
- 拥堵诊断：学校堵点排序、问题定位、门口拥堵路段时空蔓延规律
- 需求诊断：路段流量承载力、上学OD分布特征
- 接送车辆停车管理
- 求知专线

地铁站规范停车
- 拥堵诊断：地铁站堵点排序、问题定位
- 停车诊断：地铁站周边上下车的强需求路段
- 需求诊断：导航热力分布特征
- 停车强需求站口：限时2min停车

拥堵路段诱导屏
- 拥堵诊断：问题定位、城市拥堵路段时空蔓延规律
- 需求诊断：路段OD分布特征
- 流量诱导设置时段、设置位置精准化

高架治理
- 拥堵诊断：问题定位、高架拥堵路段时空蔓延规律、上下游运行速度
- 需求诊断：路段流量承载力、路段OD分布特征
- 提前变道、匝道控制、流量诱导等策略

交通调查
- 传统调查方式：前期资料准备、调查方案设计、调查人员培训、调查实施
- 基于大数据的交通调查：互联网交通大数据、AI技术全方位分析
- 路网数据：路网密度、分等级道路级配比
- 通勤分析：OD分布、人口、出行方式、通勤方向、潮汐路径
- 拥堵诊断：时空瓶颈诊断、强吸引点
- 交通运行：路口服务、公共交通、停车强需求

后评估
- 片区整体：区域（拥堵指数、健康指数、运行速度、拥堵里程）；路段（同环比拥堵变化率、波动规律）；路口（路口服务水平同环比变化率、评级变化）
- 治理区域：区域、路段、路口同环比变化率
- 视频：视频监控人流、车流变化
- 量化：日、周、月效果评估报告

图 2-2　大数据治堵滨江经验

第 3 章

CHAPTER 3

治理前：交通CT诊断报告

交通调查是城市交通规划与建设的基础。通过交通调查以及对调查数据的整理分析，可掌握城市交通特性、时空分布规律，总结现状问题，从而提供交通规划和改善方案。随着信息数据采集和分析技术日益成熟，基于大数据挖掘的综合交通调查将逐渐成为趋势，利用交通大数据可以提高调查效率、节约调查成本、扩大时空数据样本量、夯实数据质量。要了解城市的交通特征，需要对区域整体、交通廊道及路段、堵点做全方位CT扫描诊断，发现并聚焦"病灶"，让问题一目了然，为城市交通管理提效、增智奠定坚实基础，助力城市精准、精细疏堵。

关键词： 出行特征　大数据挖掘　提高效率　数据质量

3.1 现状问题

1) 基础调查周期长

交通基础调查包含居民出行调查、公交客流调查、交通基础设施调查、路段交叉口流量调查等，传统交通调查需要经过前期资料准备、调查方案设计、调查人员培训、调查实施等过程，涉及多方面多部门协调，实施难度大、耗时久。

2) 出行调查准确度低

传统的居民OD出行调查、公交客流调查等是依靠入户调查和现场问询等方式进行的，其准确性很大程度上取决于调查对象的配合程度。调查员入户或拦街发放调查问卷的形式组织难度较大,同时回收问卷的结果可能会与实际情况存在较大的误差。

3)采集样本量低

传统的交通调查最大的问题是样本量低,无法避免交通系统的随机性,从而导致问题分析及方案制定的准确性大打折扣。

3.2 数据问诊

高德地图依靠大数据与行业生态,搭建交通综合治理在线辅助决策系统,全面认知定位城市交通运行的瓶颈,打造交通综合治理"评诊治"新理念和颠覆性创新的一体化解决方案,解决交通业务中无量化、效率低、周期长等业务痛点,赋能政府交通管理部门及交通规划、交通咨询等多样化业务场景,为交通综合治理工作提效、增智。

3.2.1 交通健康体检

评诊治系统基于 AI 技术,全方位分析拥堵区域的道路基础设施、交通运行健康状况和时空拥堵规律,从城市发展、交通需求、路网运行、道路设施、路口服务、公共交通等多个维度,计算 100 多项评价指标,全面扫描所选区域综合交通发展情况,排查初步问题,在交通治理工作开展之前先找准"病因"。

通过评诊治系统中"交通健康体检"下的"交通 CT 诊断报告"模块可获取分析范围的诊断报告,以滨江区为例进行扫描分析(图 3-1)。

> **数据诊断**
>
> 用户可对研究的城市或行政区在"月"或"天"时间颗粒度下,选择特征日"工作日或节假日"进行扫描,获取整体的交通 CT 诊断报告。提供查询和检索成果的输出功能,包括按照时空和指标维度的诊断报告数据保存、导出及打印。查询页面右侧的"我的项目列表",可以查看历史纪录中保存的报告,以便于回溯分析。

评诊治系统可对城市交通做全方位立体 CT 检查,输出评诊报告和诊治报告,如图 3-2 所示。该功能相比于传统调查方法,可以大大减少前期交通调查和资料搜集等工作内容,帮助在交通治理工作开展之前找准"病因",适用于所有治理前的总体分析等。

(1)评诊报告:可得到基于区域的交通相关的详细诊断指标及诊断结果,包括城市总体概况、路网设施诊治、交通运行诊治、通勤需求诊治等分项的分析报告。

图 3-1 "交通 CT 诊断报告"模块

图 3-2 交通 CT 诊断报告

（2）诊治报告：结合区域整体、交通廊道及路段、堵点等方面的全方位 CT 检查，通过比对标准值、同类城市情况、分析历史演变趋势等识别问题指标，形成评估诊断分析，并提出相应的方向性治理改善意见。

3.2.2 交通体检结果

对城市交通进行全面扫描,可以获得一定时间段内的城市总体概况、路网设施诊治、交通运行诊治、通勤需求诊治、通勤路径诊治、路段交通诊断、强吸引点诊治、路口交通诊断、公共交通运行诊断分析报告。扫描结果与正常参考值相比会有相应的诊断参考:⬇代表比标准好,—代表符合标准,⬆代表相比标准较差,⬆代表相比标准差。

1) 城市总体概况

城市总体概况包括城市或区域总体面积,行政区面积占比,工作、居住人口数量,城市汽车保有量、千人拥车率,驾车/公交/地铁/骑行或步行等不同方式的通勤出行偏好率等指标(表3-1)。

评诊报告——城市总体概况 表3-1

诊断指标	扫描结果	诊断参考	正常参考值	诊断结果
滨江区面积	71.4km²	—		
行政区面积占比	100.0%	—		
工作、居住人口数量	工作:71.8万人 居住:46.0万人 工作/居住人数比:1.6	⬆	工作/居住人数比 [0.8,1.2]	多职少住
汽车保有量(杭州市)	281.7万辆	—		
千人拥车率(杭州市)	236辆/千人	—	200~300辆/千人	千人拥车率中等
通勤绿色出行偏好率(驾车:公交:地铁:骑行或步行)	69% (31%:16%:32%:21%)	⬆	绿色出行偏好率75%	绿色出行偏好率低

2) 路网设施诊治

路网设施诊治包括路网总体密度,灯控路口数量,不同类型道路等级配比等指标(表3-2)。

评诊报告——路网设施诊治 表3-2

诊断指标	扫描结果	诊断参考	正常参考值	诊断结果
路网总体密度	13.6km/km²	⬇	国家标准:8km/km² 行政区均值:6.5km/km²	路网密度合理
信号灯控制路口数量	行政区:289个			
道路级配(高/快速路:主干路:次干路:支路)	1:8.8:23.4:26.1	⬆	高/快速路:0.5km/km² 主干路:1.0km/km² 高速公路+快速路+主干路:1.9km/km²	高/快速路配比低

3) 交通运行诊治

交通运行评诊主要包含以下指标:各等级道路流量分担的均衡性,交通健康指数,早、晚高峰平均车速,早、晚高峰拥堵延时指数,拥堵瓶颈时段,各等级道路高峰拥堵延时指数(表3-3)。

评诊报告——交通运行诊治　　　　　　　　表3-3

诊断指标	扫描结果	诊断参考	正常参考值	诊断结果
流量均衡性(高、快速路/主干路/次干路/支路)	7.07/2.87/0.83/0.29	↑	流量比/里程比:2倍	流量过于集中在高/快速路
交通健康指数	65.67%	↑	行政区均值:71.14%	健康度相对较低
早高峰平均车速	28.23km/h	↓	20.00km/h	早高峰效率高
晚高峰平均车速	28.08km/h	↓	20.00km/h	晚高峰效率高
早高峰拥堵延时指数	1.58	↑	1.50	早高峰缓行
晚高峰拥堵延时指数	1.59	↑	1.50	晚高峰缓行
拥堵瓶颈时段	无	—	1.80	—
各等级高峰拥堵延时指数(高、快速路/主干路/次干路/支路)	1.39/1.64/1.71/1.57	—	1.80	高/快速路最堵

4)通勤需求诊治

通勤需求诊治包含指标:区域工作/居住人数比指数,通勤自足性,早、晚高峰平均通勤时间和距离,早、晚高峰各方向平均通勤时间和距离(包括区域下不同通勤方式的用户,如内—内通勤、内—外通勤、外—内通勤),早、晚高峰各方向低性价通勤占比(表3-4)。

评诊报告——通勤需求诊治　　　　　　　　表3-4

诊断指标	扫描结果	诊断参考	正常参考值	诊断结果
工作/居住人数比	1.3	↑	(0.8,1.2)	多职少住
通勤自足性	67.6%	↓	60%	通勤自足性强
早高峰平均通勤时间	30min	↓	人口>100万人 时间>45min	通勤花费时间适中
晚高峰平均通勤时间	31min	↓	人口>100万人 时间>45min	通勤花费时间适中
早高峰平均通勤距离	10.2km	↑	人口>500万人距离≥9km	通勤出行距离较远
晚高峰平均通勤距离	11.8km	↑	人口>500万人距离≥9km	通勤出行距离较远
早高峰各方向平均通勤时间(min)(内—内:内—外:外—内通勤)	18:32:38	—	—	外—内通勤时间过长
晚高峰各方向平均通勤时间(min)(内—内:内—外:外—内通勤)	18:38:33	—	—	内—外通勤时间过长

续上表

诊断指标	扫描结果	诊断参考	正常参考值	诊断结果
早高峰各方向平均通勤距离（km）（内—内：内—外：外—内通勤）	4.9：13.3：13.1	—	—	内—外通勤距离较远
晚高峰各方向平均通勤距离（km）（内—内：内—外：外—内通勤）	5.1：14.9：13.8	—	—	内—外通勤距离较远
早高峰各方向低效通勤占比（内—内：内—外：外—内通勤）	18.7%：42.1%：58.2%	—	—	—
晚高峰各方向低效通勤占比（内—内：内—外：外—内通勤）	25.2%：69.9%：53.4%	—	—	—

5) 通勤路径诊治

通勤路径诊治包含早、晚高峰驾车通勤拥堵路径数量，早、晚高峰各方向拥堵路径占比指标（表3-5）。

评诊报告——通勤路径诊治　　表3-5

诊断指标	数量	扫描结果	诊断参考	正常参考值	诊断结果
早高峰拥堵通勤路径	56	1.89（拥堵延时指数）	↑	1.80	拥堵
晚高峰拥堵通勤路径	61	1.91（拥堵延时指数）	↑	1.80	拥堵
早高峰各方向拥堵路径（西向东：北向南：东向西：南向北）	0/1/34/21	0%：2%：61%：38%	—	—	东向西数量最多
晚高峰各方向拥堵路径（西向东：北向南：东向西：南向北）	32/22/2/5	52%：36%：3%：8%	—	—	西向东数量最多

6) 路段交通诊断

路段交通诊断包含常发拥堵道路（路网中以一定频率出现严重拥堵的道路数量），早、晚高峰拥堵道路，早、晚高峰变堵道路，高/快速路早、晚高峰拥堵道路，早、晚高峰高偏差率（道路运行速度标准差与平均速度的比值偏差）等指标（表3-6）。

评诊报告——路段交通诊断　　表3-6

诊断指标	数量	扫描结果	诊断参考	正常参考值	诊断结果
常发拥堵道路	8	8.00	↑	3.30（拥堵延时指数） 1h（日累计拥堵时长）	常发拥堵
早高峰拥堵道路	3	2.46	↑	2.00（拥堵延时指数）	拥堵
晚高峰拥堵道路	1	2.07	↑	2.00（拥堵延时指数）	拥堵
早高峰变堵道路	2	16.5%	—	—	变堵

续上表

诊断指标	数量	扫描结果	诊断参考	正常参考值	诊断结果
晚高峰变堵道路	1	34.5%	—	—	变堵
高/快速路早高峰拥堵道路	1	2.01	↑	2.00（拥堵延时指数）	拥堵
高/快速路晚高峰拥堵道路	0	0.00	—	2.00（拥堵延时指数）	—
早高峰高偏差率	10	15.25%	↓	20.00%	速度波动小
晚高峰高偏差率	10	14.32%	↓	20.00%	速度波动小

7）强吸引点诊治

强吸引点诊治指标包括区域内拥堵学校、拥堵商圈、拥堵景点、拥堵医院的数量，以及拥堵医院的平均停车延误、平均日均导航量、平均长距离（>50km）出行占比（表3-7）。

评诊报告——强吸引点诊治　　　　　　　　表3-7

诊断指标	数量	扫描结果	诊断参考	正常参考值	诊断结果
拥堵学校	0	—	—	1.80（拥堵延时指数）	无拥堵
拥堵商圈	9	1.94	↑	1.80（拥堵延时指数）	拥堵程度低
拥堵景点	0	—	—	1.80（拥堵延时指数）	无拥堵
拥堵医院	3	2.23	↑	2.20（拥堵延时指数）	拥堵程度高
医院平均停车延误	3	8min	↓	10min	停车等待时间较短
医院平均日均导航量	3	313	↓	1000	需求一般
医院平均长距离出行（>50km）占比	3	14.9%	↓	50%	长距离就医占比小

8）路口交通诊断

路口交通诊断包括以下指标：早、晚高峰服务水平低（服务水平为 E/F）路口，早、晚高峰失衡路口，早、晚高峰溢出路口，早、晚高峰右转低效路口，早、晚高峰转向失衡路口，早、晚高峰转向潮汐路口（表3-8）。

评诊报告——路口交通诊断　　　　　　　　表3-8

诊断指标	数量	扫描结果	诊断参考	正常参考值	诊断结果
早高峰服务水平低路口	23	67s/车	↑	55s/车	路口拥堵
晚高峰服务水平低路口	13	69s/车	↑	55s/车	路口拥堵
早高峰失衡路口	34	33s/车	↑	20s/车	路口失衡
晚高峰失衡路口	30	35s/车	↑	20s/车	路口失衡
早高峰溢出路口	0	—	—	80s/车	—
晚高峰溢出路口	1	64s/车	↑	55s/车	路口溢出且拥堵
早高峰右转低效路口	14	83s/车	↑	55s/车	路口右转低效且拥堵
晚高峰右转低效路口	19	80s/车	↑	55s/车	路口右转低效且拥堵

续上表

诊 断 指 标	数量	扫 描 结 果	诊断参考	正常参考值	诊 断 结 果
早高峰转向失衡路口	27	75s/车,41s/车	—	—	—
晚高峰转向失衡路口	27	74s/车,43s/车	—	—	—
早高峰转向潮汐路口	6	65s/车,48s/车	—	—	—
晚高峰转向潮汐路口	6	65s/车,44s/车	—	—	—

9）公共交通诊治

公共交通诊治指标包括早、晚高峰公交车/小汽车运行时间比，早、晚高峰平均换乘次数等（表3-9）。

评诊报告——公共交通诊治　　　　　　　　　　　表3-9

诊 断 指 标	扫描结果	诊断参考	正常参考值	诊 断 结 果
早高峰公交车/小汽车出行时间比	2.16	↑	1.50	早高峰运行效率低
晚高峰公交车/小汽车出行时间比	2.28	↑	1.50	晚高峰运行效率低
早高峰平均换乘次数	1.30	↓	1.50	早高峰公共交通便捷性高
晚高峰平均换乘次数	1.34	↓	1.50	晚高峰公共交通便捷性高

3.2.3　交通诊治结果

评诊治系统通过比对标准值、同类城市情况、分析历史演变趋势等识别问题指标，形成评估诊断意见；并根据交通运行状况，扫描识别供需矛盾突出的通勤路径、强吸引点 AOI、拥堵路段、路口等（图3-3）。

图 3-3　诊治报告内容

1）城市总体概况

基于高德地图定位、驾车大数据挖掘，可得到城市总体面积、工作/居住人数、通勤出行方式占比等数据，分析总体致因及治理建议。

2）路网设施诊治

对比路网密度与推荐值、不同等级道路配比与国家标准、路网密度与推荐值的差异，从供给侧把握路网现状，分析路网建设方向。

3）交通运行诊治

通过区域道路负荷度、交通健康指数，分析总体运行现状，根据流量分配均衡情况，结合高峰时段拥堵状况，提供道路资源分配的建议。

4）通勤需求诊治

通过工作、居住人数确定通勤属性特征，了解不同通勤类型占比、通勤时间、通勤距离等通勤出行特征，分析区域业态空间分布合理性，确定重点关注目标。

5）通勤路径诊治

识别早晚高峰拥堵的通勤路径，分析需求集中的通勤廊道，诊断热门通勤路径上公交线路的布设、换乘衔接等情况，提出优化公交服务水平的方向。

6）路段交通诊断

诊断常发拥堵道路，重点关注早晚高峰的高/快速路、主干路的拥堵情况，基于出行 OD 分布及区域路网饱和度提出相应缓堵措施。

7）强吸引点诊治

根据交通出行 OD 分布，扫描识别学校、商圈、景点、医院等拥堵点，重点针对医院分析出行画像，从导航量、排队情况、出行距离等方面提供方案建议。

8）路口交通诊断

识别区域失衡和管理水平较低的交通信号控制路口，作为路口信号调控、交通组织优化、交通秩序管理等精细化方案的数据诊断依据。

3.3 案例小结

交通需求分析是城市交通规划与交通改善中的重要内容，以城市交通特性和供需问题解决为导向，重点分析城市布局特征、交通出行特性及相互间的内在关系，从而把握城市交通症结，指导城市交通综合治理等工作。

本案例是基于大数据的交通调查，从杭州市滨江区城市发展、交通需求、路网运行、道路设施、公共交通等多个维度，分析区域通勤人口量、区域通勤出行方式偏好、区域路网密度、区域分等级道路配比、区域流量均衡等多个指标，结合先天问题"把脉"和后天问题诊断，判断区域交通症结，有效支持后续交通治理方案的制定。

第4章

CHAPTER 4

治理中：系统实战应用

高德地图基于驾车导航数据、LBS 的 OD 数据、实时公交数据、基础地图数据等多种互联网交通大数据以及在行业沉淀多年的专业治理能力，构建了城市交通评诊治系统，可以实现城市综合交通系统的数据治理。

系统使用者根据交通 CT 诊断报告可识别基本问题，通过系统进行数据分析，了解交通运行特征，进一步精细化时空诊断和致因溯源。在交通需求分析的基础上，从路网结构、交通组织、停车管理、公交系统等多方面探寻城市拥堵成因，从而提出潮汐车道规划、拥堵路段诱导、停车资源挖掘等多种综合治理方案，为公安交管、交通运输主管部门、咨询、规划等交通治理相关单位从宏观—中观—微观提供"对症下药"的智慧决策方案（图4-1）。

图 4-1 大数据治理之智慧决策

评诊治系统帮助交通行业突破自身的数据限制，弥补缺失，充分挖掘并发挥"互联网＋"交通大数据价值，杭州市滨江区将数据应用于学校、医院、商圈、产业园、交通枢纽、高架道路等多个重点治理场景，多方结合实际管理措施提出有据可依的、合理的、可落地的解决方案，助力城市管理者高效决策。

关键词：交通大数据　治理场景

4.1　场景一：互联网产业园

当前城市发展已经进入存量更新改造的新常态，城市综合交通治理也将从以增量为主的交通设施大规模建设，向存量改造、有序建设、适度开发转变。"头疼医头、脚疼医脚"的短期措施并不是解决交通拥堵的"治本之策"，应从交通需求、交通供给以及交通决策等方面提高对城市交通出行特征、运行态势的感知，使城市交通综合治理从被动应对向更为主动、积极的引导转变。本案例选取杭州市滨江区互联网产业园进行区域交通改善，图4-2为互联网产业园"评诊治"分析路径。

关键词：交通出行特征　通勤需求　潮汐车道　定制公交

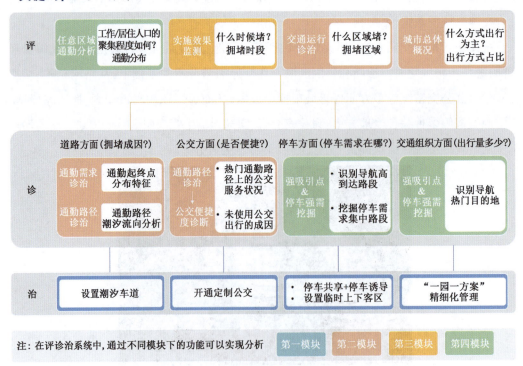

图4-2　互联网产业园"评诊治"分析路径

4.1.1 评(现状问题)

1) 高峰拥堵严重

早晚高峰时段,短时集聚交通流造成园区内部道路交通拥堵严重。园区内支路均为双向两车道,高峰期流量过多时支路无法承担车流导致溢出至相邻道路,影响路网通行效率。

2) 公交覆盖率低

园区内公交出行需求大,网商路、江二路等重点区域公交线路覆盖不足。

3) 停车秩序混乱

园区内多条道路上存在违章停车现象,如江二路、东流路等;由于网约车需求较大,高峰期网约车在机动车道随意上下客造成交通拥堵,导致交通秩序混乱。

4) 出入口组织不善

园区内办公地集中,出入口密集分布于园区内道路。出入口道路机动车、非机动车、行人交织严重,影响车辆正常通行,存在安全隐患(图4-3)。

a) 高峰拥堵

b) 道路违停

c) 园区门口交织混乱

d) 网约车随意上下客

图4-3 互联网产业园现状问题

4.1.2 诊（数据问诊）

评诊治系统全面扫描所选区域综合交通发展情况，排查初步问题，在交通治理工作开展之前找准"病因"。

1）区域通勤分布失衡

滨江区总体通勤人口数量及分布显示该区域为办公集中地，且通勤潮汐明显，以此为前提进一步分析问诊，锁定治理区域。热力图中紫色代表公司的人口热力，颜色越深代表人口密度越大。从滨江区内公司的热力分布图可以看出（图4-4），办公地最集中的区域为互联网产业园。

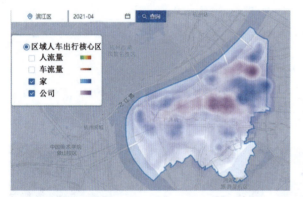 

图4-4 滨江区通勤热力分布图

通过评诊治系统中"交通精细诊治"下的"城市总体概况"模块可进行该诊断（图4-5）。

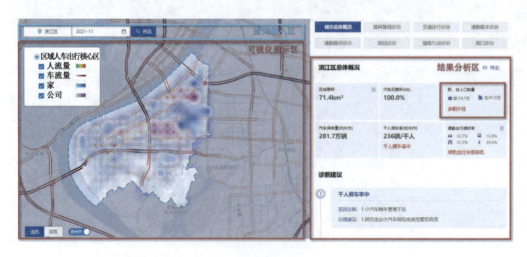

图4-5 "城市总体概况"模块

> **数据诊断**
>
> 用户可对研究的城市或行政区进行不同月份的查询,可显示该区域内的人流量、车流量以及家和公司的位置热力分布图,结合总体概况分析中的"工作/居住人口数量"进行通勤人口分布诊断。

锁定治理区域后可以进行该区域的通勤失衡诊断,互联网产业园区工作人口多、居住人口少,属于"工作人口集中地"。通过评诊治系统中的"工具组件分析"下的"任意区域通勤分析"模块可进行该项诊断(图4-6)。

图4-6 "任意区域通勤分析"模块——互联网产业园通勤失衡诊断

> **数据诊断**
>
> 用户可在图示范围输入需要诊断的区域,可查询区域的通勤分布均衡性、工作/居住属性分布占比,以及根据工作/居住人口数量得出的工作/居住人数比和"工作人口集中地""居住人口集中地"等属性标签,以辅助进行区域的通勤分布分析诊断。

2) 通勤时间集中

互联网产业园每天最堵的时段分别在8:00—10:00及17:00—19:00,由于上下班造成交通流短时集聚,早晚高峰的通勤特征明显(图4-7)。

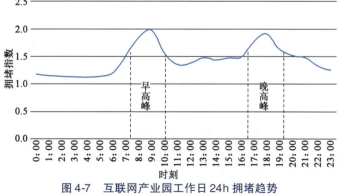

图4-7 互联网产业园工作日24h拥堵趋势

通过评诊治系统中"运行跟踪评价"下的"实施效果监测"模块可进行拥堵延时指数的趋势分析(图4-8)。

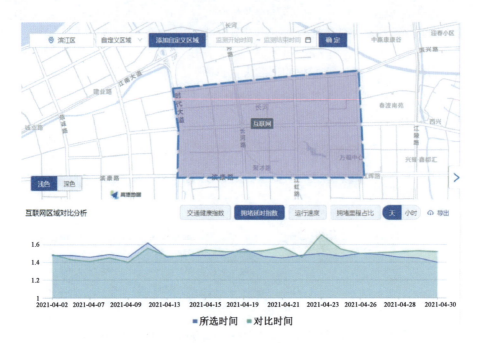

图4-8 "实施效果监测"模块——互联网产业园

> **数据诊断**
>
> 用户可自定义评价范围,选择周/月/年不同评价时段进行分析,获得不同时间段内区域整体的交通健康指数、拥堵延时指数、运行速度、拥堵里程占比等数据。通过导出的拥堵延时指数数据,可以分析该区域一个月工作日24h拥堵变化趋势。

3) 园区内部道路拥堵严重

早晚高峰期间园区拥堵道路主要集中在滨兴路、滨安路、滨康路、江虹路等主次干道及网商路、秋溢路、江淑路等支路(图4-9)。

通过评诊治系统中"交通精细诊治"下的"交通运行诊治"模块可进行该诊断(图4-10)。

> **数据诊断**
>
> 用户可查询城市或行政区自定义时段内,区分节假日或工作日的道路拥堵情况,图中可查看每天6:00—22:00的每小时中拥堵延时指数为1.5以上的道路分布情况,从而了解该区域道路交通运行状况,找出全天最拥堵的时段以及该时段下的拥堵道路,以进行治理。

图 4-9　互联网产业园工作日早晚高峰拥堵道路

图 4-10　"交通运行诊治"模块

4）机动车出行强度大

滨江区的交通出行方式结构中,私家车占比约为30%,公交和地铁的占比不足30%,绿色出行分担率低(图4-11)。

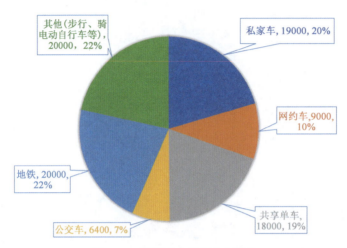

图4-11　滨江区出行方式分担率

通过评诊治系统中"交通精细诊治"下的"城市总体概况"模块可进行上述分析。

数据诊断

用户可对研究的城市或行政区进行不同月份的查询,总体概况中可显示区域面积、工作/居住人口数量、通勤出行偏好率等数据。通勤出行偏好率中可查询出私家车、公交、地铁、骑行或步行等不同出行方式的占比,以了解区域出行结构存在的问题。

4.1.3　治(靶向治疗)

1）道路治理

治理思路:基于区域通勤出行的特征和规律,合理分配道路资源。

通勤出行是城市交通出行的主体,掌握精细化的特征和规律对于交通治理有重要作用。根据上述诊断,互联网产业园工作人口多、居住人口少,属于"工作人口集中地",早晚高峰的通勤特征明显,因此,重点分析通勤出行,交通评诊治系统里有针对通勤的需求分析和路径诊治功能。

(1)通勤起终点分析:区内通勤起点集中于距离1~3km的热点小区,区外通勤起点集中于距离5~10km的热门小区。

通过通勤热力分布,可以查看内内通勤、内外通勤、外内通勤三种类型的热力分布,从而了解前往滨江区互联网产业园上班的人群居住地分布情况。三类通勤基于通勤地点与分析区域边界的关系来划分,"内内通勤"指通勤起点和终点均在区域内,"内外通勤"指通勤起点在区域内、通勤终点在区域外,"外内通勤"指通勤起点在区域外、通勤终点在区域内,热力分布图中颜色越深代表人群越密集。

前往互联网产业园上班的区内热门居住地多位于滨江区东部,如春波小区附近、迎春小区附近、湘云雅苑附近等,通勤距离多为 1~3km(图 4-12)。

图 4-12　前往滨江区上班的区内热门居住地点分布

前往互联网产业园上班的区外热门居住地多位于东北部和西南部的萧山区,如江南国际城附近、明怡花苑附近、御景蓝湾附近等,通勤距离多为 5~10km(图 4-13)。

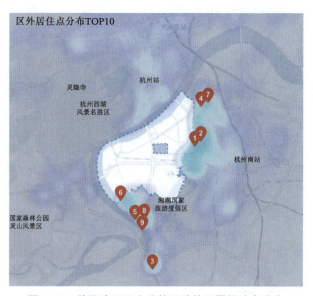

图 4-13　前往滨江区上班的区外热门居住地点分布

通过评诊治系统中"交通精细诊治"下的"通勤需求诊治"模块可进行该项诊断（图4-14）。

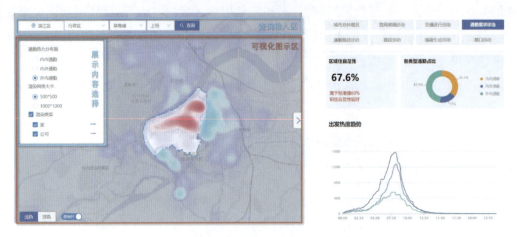

图4-14 "通勤需求诊治"模块

> **数据诊断**
>
> 　　用户可查询城市或行政区在早高峰或晚高峰或全天，以上班或下班为出行目的的通勤热力分布图，了解不同通勤类型下（内内通勤/内外通勤/外内通勤）热门居住地和公司分布情况，从而判断通勤出行的热门起终点。

　　(2)通勤潮汐特征分析：区内主要道路上的车流，早高峰时段以汇入为主，晚高峰时段以流出为主。

　　由于互联网产业园的用地属性中以办公用地居多，早晚高峰的潮汐现象明显（图4-15）。

　　通过查询滨江区的通勤路径，可以识别互联网产业园中早、晚高峰期间通勤路径用户量高的关键道路。通过评诊治系统中"交通精细诊治"下的"通勤路径诊治"模块可进行分析（图4-16）。

> **数据诊断**
>
> 　　用户可查询城市或行政区不同月份下，早高峰或晚高峰时段不同通勤类型下通勤路径及起终点，路径详情显示前300条通勤路径、通道走向、起点、终点、通勤总量、驾车时间和延误指数，从而了解研究范围内早晚高峰期间通勤道路走向。

　　(3)治理方案：设置数字化潮汐车道。

　　该治堵应用场景，是经过多方参与共同努力形成的治理方案。根据滨江区互联网产业园区域内部早晚交通流量不同的情况，采取可变车道的方式进行交通组织。结合互联网产业园通勤热力分布、早晚高峰拥堵路段,选择了在网商路、江淑路设置全可变数字潮汐车道,以及在秋溢路西向东白天主要通行时段设单行组织(图4-17、图4-18)。

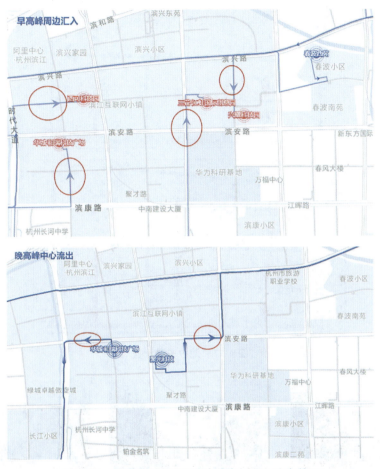

图4-15 互联网产业园早晚高峰车辆流入流出状况

图4-16 "通勤路径诊治"模块——通勤路径总览

第4章 治理中:系统实战应用

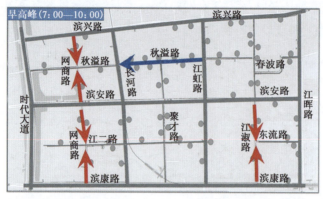

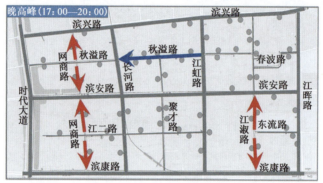

图 4-17　潮汐车道设置

图 4-18　潮汐车道落地实景图

网商路和江淑路均为支路,双向两车道,早高峰 7:00—10:00、晚高峰 17:00—20:00 根据需求重新配置道路资源,仅为单向通行,以更好应对潮汐交通流,平峰时段双向通行(表 4-1)。

潮 汐 车 道 设 置　　　　　　　表 4-1

路 段 名 称		行驶方向 (早高峰 7:00—10:00)	行驶方向 (晚高峰 17:00—20:00)
网商路	滨兴路—秋溢路	由北向南	由南向北
	秋溢路—滨安路	由南向北	由北向南
网商路	滨安路—江二路	由北向南	由南向北
	江二路—滨安路	由南向北	由北向南
江淑路	滨安路—东流路	由北向南	由南向北
	东流路—滨安路	由南向北	由北向南

2) 公交治理

治理思路:对热门通勤路径进行公交便捷度诊断,以明确公交服务水平的提升方向。

从滨江区出行方式分布情况可以看出,整体区域的绿色出行分担率偏低,通过对热门通勤路径上的公交诊断,可以了解人们绿色出行意愿偏低的原因,从而优化公共交通服务,提高公交运行效率与竞争力。

(1)公交便捷度诊断:热门通勤路径上的公交出行效率偏低,与小汽车出行时间相比用时偏长。

查询互联网产业园热门通勤路径,在此基础上可进一步了解此路径上的公交服务状况,分析人们未使用公交出行的成因,如同样距离下公交运行时间远远大于小汽车出行时间,或乘坐公交的步行距离过长等。

选取一条起点为滨江区内的居住地、终点为互联网产业园内公司的通勤路径(冠山小区—三花·江虹国际创意园)进行公交诊断,距离4.2km,一条可直达的公交线路步行距离超过1km,另一条公交线路需换乘一次,步行距离约500m,乘公交车与驾汽车的出行时间比均大于3,公交效率低(图4-19)。这反映了公交线路覆盖不足、专线接驳线路少等问题。

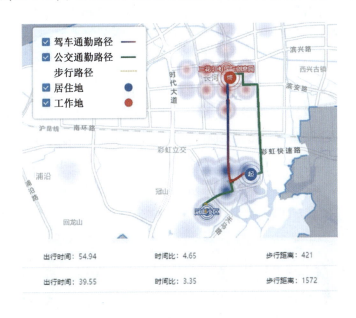

图4-19 互联网园区公交便捷度诊断

通过评诊治系统中"交通精细诊治"下的"通勤路径诊治"模块可进行该诊断。对热门通勤路径可进行"公交诊治",以了解途经该路径通勤人群的驾车需求分布及公交出行性价比诊断结果(图4-20)。

图 4-20 "通勤路径诊治"模块——公交诊治

> **数据诊断**
>
> 用户可查询城市或行政区不同月份下,早高峰或晚高峰时段不同通勤类型下通勤路径及起终点,针对研究范围内热门通勤路径可以进行"公交诊治",从而了解该通勤路径的居住地和工作地热力分布、驾车与公交路径可视化图,同时显示驾车通勤人数、公交车/小汽车出行时间比、平均公交换乘次数、平均公交步行距离等,可以分析出人们未使用公交出行的成因。

(2)治理方案:开通定制公交。

该治堵应用场景,是经过多方参与共同努力形成的治理方案。滨江区在高德地图提供的热门居住地分布、主要通勤路径上公交便捷度诊断的数据基础上,结合现有公交线路对产业园周边公共交通进行了优化。规划开通 7 条定制公交线路(图 4-21),采用了开通"小区—地铁—园区接驳专线"措施,将重点小区、地铁站、园区进行了串联接驳,为互联网产业园区的员工上下班通勤提供了更加精准的服务(图 4-22)。

3)停车治理

治理思路:识别互联网产业园导航高到达路段,基于停车需求进行治理。

(1)导航高到达路段识别:停车需求集中在网商路、江二路、秋溢路等。

滨江区互联网产业园内部道路多处存在违章停车现象,通过车辆行为轨迹与地图信息,关联道路与目的地的关系,可挖掘高到达的道路路段,识别停车强需求路段。

产业园早高峰时段,网商路、江二路、秋溢路等多条路段到达率高于 80%,这些路段车流量中到达的车辆占比远远大于过境车辆,即多数车辆的出行终点在这些路段周边,因此,反映出路段停车和上落客需求集中(图 4-23)。

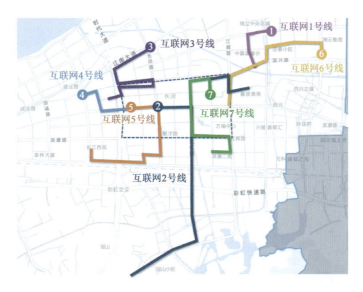

图 4-21　互联网产业园定制公交线路规划

图 4-22　互联网产业园定制公交运行现状

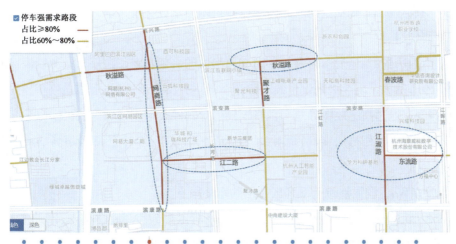

图 4-23　互联网产业园停车强需求路段

通过评诊治系统中"工具组件分析"下的"强吸引点 & 停车强需挖掘"模块可进行诊治（图 4-24）。

图 4-24 "强吸引点 & 停车强需挖掘"模块——停车强需求路段

> **数据诊断**
>
> 用户可对研究的城市或行政区在月维度或天维度下，选择特征日"工作日或节假日或全部"进行查询，通过该区域内停车强需求路段的 24h 分布图及各路段的到达率占比情况列表，来分析拥堵时段内的停车强需求路段。

（2）治理方案一：通过停车诱导实现停车资源均衡使用。

据统计，互联网产业园停车位总量为 18500 个，白天各时段的累计闲置停车位为 2200 个，建议充分利用现有资源，将互联网产业园区内的空闲停车位实现共享，并通过停车诱导实现停车资源的均衡使用。

该治堵应用场景，是经过多方参与共同努力形成的治理方案。在停车资源紧缺区域，打造线上＋线下停车诱导系统。规划设计线下停车诱导屏并实现落地；线上建立停车预约制度，实行停车资源联网，通过高德地图导航平台将车辆引导到停车空闲区域停放（图 4-25）。

与此同时，加强违停执法，园区新增 28 套违停抓拍设备，保障全路网路侧禁止停车，还路于慢行交通。

（3）治理方案二：设置临时上下客区及网约车小绿点。

据统计，互联网产业园网约车日均进出需求分别为 7557 人和 8909 人，网约车出行需求大，但由于园区上下客区缺失现象严重，高峰期机动车道内随意上下客导致园区出入口秩序混乱，造成交通拥堵。

线下停车诱导屏　　　　　　　　　线上停车预约导航

图 4-25　互联网产业园线上+线下停车诱导系统

该治堵应用场景,是经过多方参与共同努力形成的治理方案。结合网约车起点分布以及导航高到达路段分析,在到达率高且路段集中的位置进行临时上下客区布局规划,并进行现场标线施划,在指定位置设置引导牌(图4-26)。园区内共设置12个临时上下客区,并配套设置网约车小绿点,规范机动车上下客秩序,减少了机动车路侧停放对交通的干扰(图4-27)。

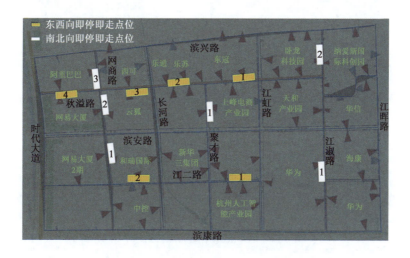

图 4-26　互联网产业园临时上下客点位分布

4)"一园一方案"个性化治理

治理思路:识别互联网产业园导航热门目的地,根据园区热度实施精细化管理。

(1)导航热门目的地识别:互联网产业园中的各个园区均设有多个出入口,工作日早高峰导航最热门的目的地为阿里巴巴滨江园区。

图 4-27　互联网产业园临时上下客区实景

挖掘互联网产业园吸引流量高的 POI，吸引指数代表以此为导航目的地的集中程度，吸引指数越高，高峰时段车流越集中。早高峰时段，互联网产业园导航热门目的地有阿里巴巴滨江园区、浙农科创园等（图 4-28），建议根据吸引指数的高低逐步进行精细化治理（表 4-2）。

图 4-28　互联网产业园早高峰热门到达 POI 分布

互联网产业园早高峰热门到达 POI 列表　　　　表 4-2

排名	目的地名称	排名	目的地名称
1	阿里巴巴滨江园区	5	IX-work 大厦
2	浙农科创园	6	上峰电商产业园
3	华城·和瑞科技广场	7	英飞特大厦
4	华为科研基地	8	聚光科技

续上表

排名	目的地名称	排名	目的地名称
9	云狐科技园	14	西可科技园
10	三花·江虹国际创意园	15	杭州人工智能产业园
11	滨江区网易园区	16	万福中心
12	天和高科技园	17	乐通科技园
13	中控信息大厦	18	诺基亚通信创新软件园

通过评诊治系统中"工具组件分析"下的"强吸引点 & 停车强需挖掘"模块可获取该数据（图4-29）。

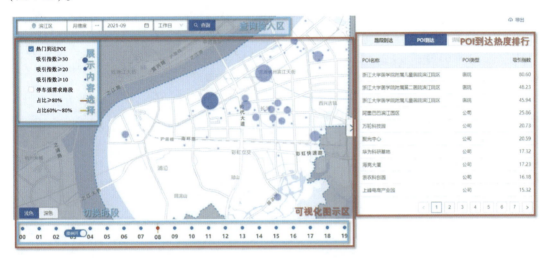

图4-29 "强吸引点 & 停车强需挖掘"模块界面——热门POI

数据诊断

用户可对研究的城市或行政区在月维度或天维度下，选择特征日"工作日或节假日或全部"进行查询，通过该区域内热门到达点热度的24h分布图及到达POI热度排序的吸引指数列表，来确定导航热门目的地，以作为精细化治理工作重要的判断依据。

(2) 治理方案："一园一方案"精细化管理。

该治堵应用场景，是经过多方参与共同努力形成的治理方案。以导航热门目的地为分析基础，对每个园区进行现场踏勘，针对实际情况进行交通组织等方案改善（表4-3）。例如，出入口位于单行道路上的园区可采用早高峰双通道进园的方式，提高进入园区车辆的通行效率；对于机非干扰较为严重的出入口，通过拓宽道路实现人车分离，规范机动车与行人通行通道；部分入口处具有条件的园区，将停车道闸后移，为排队车辆提供更多空间，确保道路通行效率（图4-30）。

"一园一方案"精细化管理措施   表4-3

序号	园区或单位名称	错峰上下班	增设出入口	扩展出入口	出入口早高峰双进	出入口道闸后退	网约车进园区
1	阿里巴巴一期	√		√	√	√	√
2	网易一期	√	√	√	√	√	√
3	网易二期	√	√	√	√	√	√
4	西可通信产业园	√		已整改	√	已后退	√
5	云狐网络科技园	√			√		√
6	和瑞科技园	√	√		√		√
7	中控软件园	√		√	√	已后退	√
8	拓森科技园	√			√		√
9	乐通科技园	√			√	√	√
10	乐苏电子	√			√		√
11	九鼎实业	√			√		√
12	东冠科技园	√			√		√
13	三花·江虹国际创意园	√	√		√		√
14	东忠科技	√			√		√
15	航天电子	√			√	已后退	√
16	金润科技园	√			√	已后退	√
17	聚光科技	√	√		√		√
18	杭新科技	√			√		√
19	卧龙江虹国际智汇园	√			√		√
20	天和高科技产业园	√			√		√
21	民生药业	√		√	√		√
22	纳爱斯研发中心	√		√	√		√
23	特迅网络	√		√	√		√
24	慧港科技园	√			√		√
25	浙农科创园	√	√		√		√
26	上峰电商产业园	√		√	√		√
27	新华三	√		已拓宽	√		√
28	华星创业	√			√		√
29	英飞特电子	√		√	√		√
30	杭州人工智能产业园	√			√		√
31	研祥智能	√			√	已后退	√
32	长川科技	√			√	√	√
33	杭州联吉大厦	√			√	√	√
34	海康威视（一期）	√		√	√	√	√

续上表

序号	园区或单位名称	园区建议措施					
		错峰上下班	增设出入口	扩展出入口	出入口早高峰双进	出入口道闸后退	网约车进园区
35	万福中心	√			√	已后退	√
36	兴耀科技园	√			√	已后退	√
37	华信邮电	√			√		√
38	华为杭州研发中心	√		√		√	√
39	京崎科技园(Iwork 大厦)	√		√	√	√	√

a) 道闸后移

b) 人车分离

c) 高峰双进

d) 网格线禁停

图 4-30 "一园一方案"精细化管理措施落地实景

4.1.4 量化效果评价

评诊治系统可将互联网产业园治理前、治理中和治理后的交通运行状况进行对比,主要通过区域的拥堵延时指数、早晚高峰运行速度进行量化评估。

1) 区域效果评估

重点关注互联网产业园整个区域在治理前后的交通运行改善情况。对比数据按治理前后阶段共分为五个季度:治理前(2020 年第二季度)、治理中(2020 年第三、第四季度)、治理后

(2021年第一、第二季度),早高峰时段选取8:00—10:00,晚高峰时段选取17:00—19:00,对比工作日早晚高峰的数据,通过整理可得到拥堵延时变化趋势图(图4-31)和平均速度变化趋势图(图4-32)。

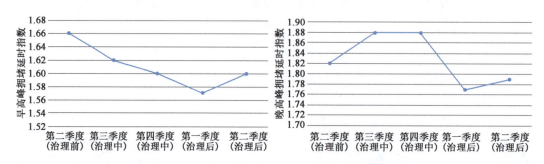

图4-31　互联网产业园早晚高峰拥堵延时指数变化趋势

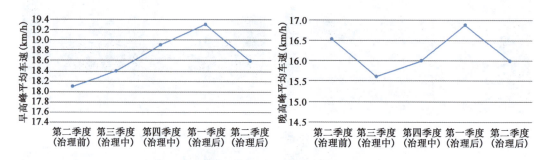

图4-32　互联网产业园早晚高峰平均车速变化趋势

2021年治理后与2020年第二季度治理前的数据对比显示:早高峰拥堵延时指数下降3.6%,晚高峰拥堵延时指数下降2%;早高峰平均车速提升2.8%,晚高峰平均车速提升3.3%。

通过评诊治系统中"运行跟踪评价"下的"实施效果监测"模块可进行相应诊断,系统可查询一年内数据(图4-33)。

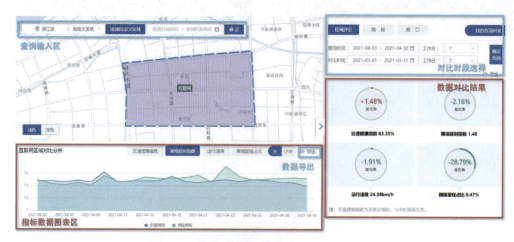

图4-33　"实施效果监测"模块——区域评价

> **数据诊断**
>
> 用户可自定义评价范围,选择周/月/年不同评价时段进行分析,可获得不同时间段内区域整体的交通健康指数、拥堵延时指数、运行速度、拥堵里程占比等数据。
>
> 可下载拥堵延时指数和运行速度两项指标数据,将每季度工作日的数据合并整理,分析出该区域不同季度的趋势变化图。

公交方面,通过统计数据可知,自从2020年12月开通定制公交后,公交客流逐月增加,目前互联网产业园定制公交专线客流已达到6万人次(图4-34)。

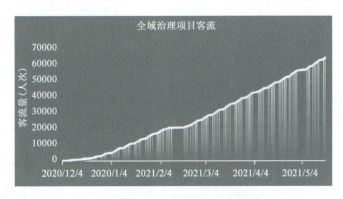

图4-34 互联网产业园定制公交专线客流变化趋势

2)区域实景对比

通过互联网产业园治理前后道路、路口运行和停车的变化情况可直观感受治理效果,图4-35分别对比了路段、路口、路侧停车、网约车上落客的前后情况。同一高峰时段,道路拥堵现象有所缓解,路口排队长度明显减小,违停车辆从每天最多1000辆下降至最低18辆。

4.1.5 案例小结

样本量大、长时间连续监测的交通大数据可以观测到交通出行整个过程,利于分析城市交通运行机理。本案例的区域交通改善,通过大数据弥补传统数据的不足,从通勤分布分析、出行特征等方面全方位加强片区交通的分析能力,来解决城市交通问题。

1)全面问诊

针对区域交通拥堵问题,除了通过大数据准确定位堵点、诊断拥堵时空外,还可通过大数据快速了解整体通勤分布与交通廊道的关系,通过高德地图的评诊治系统从需求层面问诊,从而为公安交管、公交等部门提供更有针对性的改善措施建议。

图 4-35　区域治理前后实景对比

2) 实施潮汐车道

在充分分析通勤规律的基础上,根据潮汐交通流改变车道配比,提高道路利用率,部分缓解交通拥堵状况,使得道路资源利用最大化。

3) 开设定制公交

对热门通勤路径上的公交线路进行分析,结合公交便捷度诊断,根据通勤需求,在热门路线上开设定制公交,给更多自驾车或乘坐出租汽车出行的市民提供低碳环保、舒适快捷的通勤出行服务选择。

4) 均衡停车资源

充分挖掘园区内的空余停车位,有效提高停车位资源的使用效率,缓解停车难的问题;并通过线上 + 线下停车诱导系统,辅助落实停车位的共享。

5) 精细化管理

根据热门导航目的地的数据,针对热门园区进行"一园一方案"个性化治理,如增设出入口、将出入口道闸后移以缓解停车排队对道路的影响,扩展出入口来保障人车通道分离等。

4.2 场景二:医院

长期以来,医院周边的交通组织管理是城市交通管理中的"老大难"问题。由于就医出行的交通需求量大、出行时间集中、小汽车比例较高等特征,地处城市中心区的医院周边经常出现交通拥堵,而医院周边大量的停车需求与停车资源匮乏的矛盾也十分突出。通过本案例的分析诊治,可为更好地开展医院交通综合治理工作提供参考,图 4-36 为医院"评诊治"分析路径。

关键词:堵点诊断　停车诱导　停车预约　专线接驳

4.2.1 评(现状问题)

1) 周边道路拥堵严重

大型综合医院多处于城市中心区,医院周边道路承担服务功能较多,高峰时段周边道路自身交通压力较大,部分道路通行能力已接近饱和。而就医人群前往医院的时间集中在上午,就医出行与早高峰通勤需求叠加,进一步加剧了道路交通拥堵(图 4-37)。

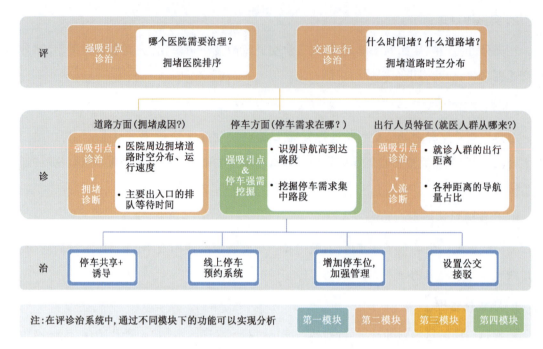

图 4-36　医院"评诊治"分析路径

图 4-37　医院周边道路拥堵

2）停车难,进院车辆排队严重

医院停车供需失衡,使用私家车出行就医的比例逐渐增加,医院在规划建设时配套的停车位数量无法满足需求,再加上就医停车周转率低,出现停车难、进院车辆排队严重的现象。

3）停车秩序混乱

停车供需矛盾严重,同时也导致部分车辆乱停乱放等违章现象突出;而在上下客区不明确的医院周边,随意停车上下客对医院周边道路交通安全和秩序也产生了较大的影响(图 4-38)。

图 4-38　医院周边停车问题

4.2.2　诊（数据问诊）

1）拥堵医院排序

浙江大学医学院附属儿童医院（滨江院区）拥堵延时指数1.91，为滨江区中拥堵排名第一的医院，平均停车排队延误时长超过10min，停车难问题突出。

对研究区域范围内的所有医院进行扫描分析，判断需要进行诊治改善的医院。浙江大学医学院附属儿童医院（滨江院区）拥堵延时指数1.91，较为拥堵，其停车问题也较为突出（图4-39）。

图 4-39　滨江区拥堵医院分布

通过评诊治系统中"交通精细诊治"下的"强吸引点诊治"模块可进行该项诊断（图4-40）。

图 4-40 "强吸引点诊治"模块——医院

数据诊断

用户可对城市或城市下属行政区进行自定义时间段的扫描分析，得到节假日或工作日不同特征日的拥堵医院排行，包含拥堵延时指数、导航规划量、停车位数量、排队等待时间等信息，结合全天 24h 内需要分析的时段，确定需要进行诊治改善的医院。

同时，对驾车到达的热门地点也可根据驾车吸引力指数进行排行，从而诊断任意 POI 的驾车出行需求，通过评诊治系统中"工具组件分析"下的"强吸引点 & 停车强需挖掘"模块可进行驾车高需求地点分布的分析。浙江大学医学院附属儿童医院（滨江院区）驾车吸引力指数位于滨江区第一，结合以上两个数据，本案例选择该医院进行交通治理（图 4-41）。

图 4-41 滨江区热门到达 POI 分布

2）医院周边道路高峰异常拥堵

医院周边道路主要有滨盛路、儿康路和平乐街。滨盛路为双向四车道，双向车道间有绿化带分隔；儿康路为双向两车道，机动车与非机动车道间有绿化带隔离；平乐街为双向两车道。儿康路、滨盛路9:00—11:00、13:00—14:30拥堵延时指数大于2，滨盛路9:30—10:30部分时段拥堵延时指数大于4，处于严重拥堵状态（图4-42）。

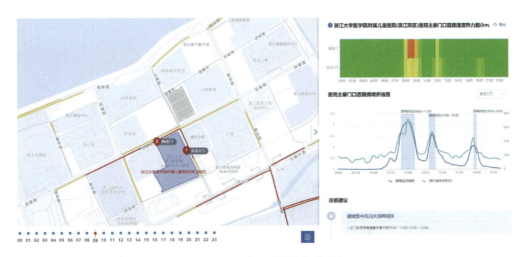

图4-42 儿童医院周边拥堵分析

3）医院主要出入口存在停车排队现象

浙江大学医学院附属儿童医院（滨江院区）的就诊车辆出入口集中于儿康路；位于滨盛路上的北门为职工车辆出入口；位于平乐街的东南门为住院部进出口，施工期间不开放车辆出入。出入于儿康路上东北1门的就诊车辆在高峰时段存在排队现象（图4-42）。

通过评诊治系统中"交通精细诊治"下的"强吸引点诊治"模块可对拥堵医院进行进一步的拥堵诊断。

> **数据诊断**
>
> 用户可在拥堵医院排行的基础上，查看该医院主要出入口周边道路拥堵热力图（全天24h拥堵延时指数的变化情况）、道路运行速度热力图、主要出入口的排队等待时间趋势图等，确定需要治理的出入口以及周边需要治理的道路。

4）就诊的出行方式中机动车出行占比高

由于就医患者为儿童，因此就诊出行方式以私家车、出租汽车及网约车为主，占出行总需求的79%；公交出行占比较低，仅为13%；非机动车等其他出行方式占8%（图4-43）。

第4章 治理中：系统实战应用

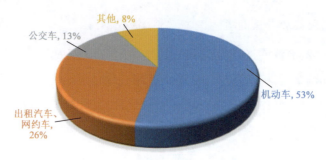

图 4-43 儿童医院就诊出行方式占比

4.2.3 治(靶向治疗)

1)停车治理

治理思路:识别医院周边导航高到达路段,基于停车需求进行治理。

该治堵应用场景,是经过多方参与共同努力形成的治理方案。

(1)导航高到达路段识别:浙江大学医学院附属儿童医院(滨江院区)周边道路中,儿康路在早高峰时段为停车强需求路段。

浙江大学医学院附属儿童医院(滨江院区)出入口存在停车排队现象,周边道路多处出现违章停车,通过车辆行为轨迹与地图信息,关联道路与目的地的关系,可挖掘高到达的道路路段,识别停车强需求路段。通过评诊治系统中"工具组件分析"下的"强吸引点 & 停车强需挖掘"模块可进行该诊断。

就诊高峰期,滨盛路、儿康路、平乐街为停车强需求路段,这些路段的车流量中,到达的车辆占比远远大于过境车辆,即多数车辆的出行终点在这些路段周边,因此,反映路段停车和上落客需求集中,早高峰时段周边道路中儿康路到达率高于92%(图4-44)。

图 4-44 儿童医院周边停车强需求路段

(2)治理方案一:共享周边停车资源,建立停车诱导系统。

据统计,儿童医院高峰就诊停车需求约4800车次/天,车位需求约为1500个,医院现有停车位1214个(院内+临时停车场),患者停车缺口约500个,通过调研医院周边800m范围内的7个停车场,盘活闲置停车位750个(图4-45)。

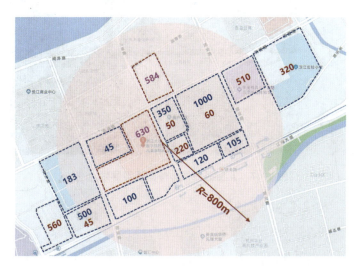

图4-45　儿童医院周边800m范围内可共享停车位分布

为更好地实现共享停车,规划停车诱导系统,实时呈现各停车场剩余停车位的统计数据。二级停车诱导屏布置于滨盛路、信诚路等道路路口,三级停车诱导系统主要放置于各停车场入口附近。

医院周边区域内共新建二级停车诱导屏7处,三级停车诱导屏8处(图4-46)。诱导屏上除了显示周边停车场的距离、空余停车位数量外,还设置"扫码停车"的二维码,采用"线上停车诱导与线下停车诱导相结合、线下停车诱导屏与高德地图线上导航系统相结合"的方式,引导车辆至周边7处停车场停放(图4-47)。

图4-46　儿童医院周边停车诱导屏布局图

第4章　治理中：系统实战应用

图 4-47　儿童医院周边停车诱导屏落地图

(3) 治理方案二:构建停车线上预约系统。

在医院临时停车场、盛庐小区停车场设置 100 个预约停车位,并与医院挂号系统连通,前往医院之前可提前在高德地图 App 上提前预约停车位,实现挂号停车一键直达的"码上预约"功能。

预约步骤:第一步,搜索即将前往的医院,点击"车位预约查询";第二步,显示界面中会有可预约停车场的停车位及剩余车位信息,点击"预约车位";第三步,确认预约,驾车入场,离场付费(图 4-48)。

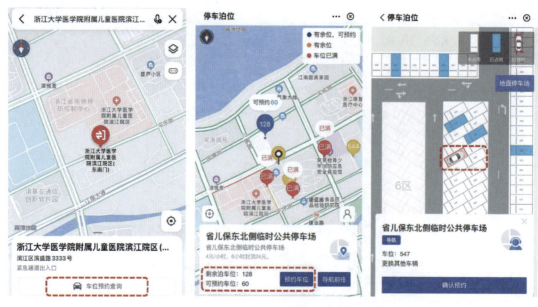

图 4-48　停车线上预约功能

治理中运用城市大脑平台,医院周边7个停车场实时停车位数据实现数据上线,为停车预约和停车诱导提供数据支撑。

(4)治理方案三:增加路内停车位和网约车限时停车位,加强停车管理。

基于高德地图分析的停车强需求路段,通过实地踏勘进行路内停车位路段规划布局,在平乐街、儿康路、国慷街实际施划路内停车位168个(图4-49)。

图4-49　儿童医院周边路内停车位布局及落地图

由前往儿童医院的出行方式占比数据可知,患者通过出租汽车/网约车就医占比高达26%,高峰期上下客需求达380辆/h,随意停车上下客对医院周边道路交通产生较大的影响。为缓解此问题,在医院主要出入口对应的道路上规划并施划限时停车位。在儿康路、平乐街等道路设置限时2min的临时上下客车位4处,共计24个停车位,以规范网约车、出租汽车上下客;并在滨盛路设置1处5个绿色停车位,满足短时停车需求(图4-50)。

平乐街治理后　　　　　　　　滨盛路绿色车位

图4-50　儿童医院限时停车位实景

与此同时,加强违停执法,在医院周边设置7处违停抓拍,实现医院周边道路违停抓拍全覆盖,净化了周边道路环境,减少了停车对交通的干扰(图4-51)。

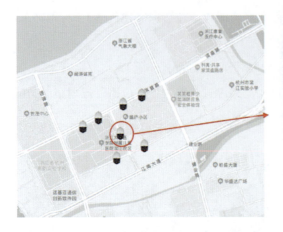

图 4-51　儿童医院周边违停抓拍设备分布

在就诊高峰期,根据各个停车场不同的饱和程度,制定现场停车诱导预案,相关人员对医院周边道路交通进行疏导(图 4-52)。

图 4-52　儿童医院周边交通疏导管理

2) 公交治理

治理思路:分析就医人群出行画像,从需求侧出发,依据出行距离提供接驳专线等解决方案。

(1) 医院到达人群画像分析:医院到达人群中机动车出行占比较高,出行距离为 10～20km 和大于 50km 的就诊人群占比最多。

目前医院就诊出行方式中机动车出行占比较高,公交出行占比较低,仅为 13%。通过分析到达人群的出行距离,可提供相应的治理对策。

浙江大学医学院附属儿童医院(滨江院区)的就诊人群中,出行距离 10～20km 的占比最多,为 25.6%,其次为出行距离大于 50km 的,占比为 19.6%(图 4-53、图 4-54)。

通过评诊治系统中"交通精细诊治"下的"强吸引点诊治"模块可分析就医人群的出行距离(图 4-55)。

序号	出行距离	日均导航值	导航量占比
❶	0～5km	69	8.3%
❷	5～10km	125	15%
❸	10～20km	215	25.6%
❹	20～30km	120	14.4%
❺	30～40km	97	11.5%
❻	40～50km	47	5.7%
❼	大于50km	164	19.6%

图 4-53　儿童医院就诊人群出行距离及导航量占比

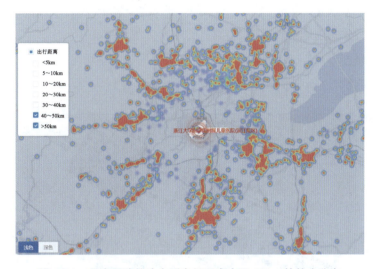

图 4-54　儿童医院就诊人群出行距离大于 40km 的热力分布

图 4-55　"强吸引点诊治"模块——就医人群分析

第 4 章　治理中：系统实战应用

> **数据诊断**
>
> 用户可在拥堵医院排行的基础上,查看医院不同出行距离就诊量热力分布图,按出行距离划分的就诊人员的导航量列表,以重点分析导航量占比最多人群的出行距离以及针对该人群推荐的出行方式。

（2）治理方案:增加公交接驳线路。

该治堵应用场景,是经过多方参与共同努力形成的治理方案。基于就诊人群出行距离的分析,对于不同人群可提供不同的服务。如:10km 以内相对近距离的出行人群,建议根据周边客流需求适当调整或增加公交线路;对于中长距离出行的人群,做好停车诱导,在有停车位共享的停车场建议设置接驳公交车;对于大于 40km 的远距离就医人群,可根据就医人数合理设置定制公交或进行分院选址的长远规划。

为更好地实现停车共享,缓解停车难问题,在医院周边停车场与儿童医院之间设置公交接驳换乘线路,实现对周边 7 个停车场串联接驳(图 4-56)。

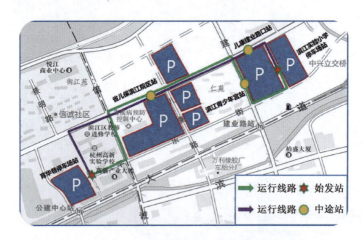

图 4-56　P+R 停车场至医院的接驳公交线路

接驳公交线路起点分别为育华巷停车场和滨江实验小学停车场,线路走向将停车共享中的 7 个停车场串联起来,接驳公交的运行时间为:8:30—12:00、13:30—17:00(每 15min 发车)。

4.2.4　量化效果评价

1)区域效果评估

划定医院周边区域包含重点治理的四条道路,通过拥堵延时指数、运行速度、拥堵里程占比等数据,评估改善措施的效果。

以医院附近的儿康路为例,对比停车、公交治理方案实施前后的道路运行数据,将 2021 年 6 月连续四周早高峰数据与 2020 年 7 月连续四周早高峰数据进行对比。儿康路从闻涛路到江南大道,北向南方向,拥堵延时指数对比下降率达47%(图4-57)。

图4-57　儿康路道路运行数据对比

通过评诊治系统中"运行跟踪评价"下的"实施效果监测"模块可进行道路运行状态的前后对比(图4-58),系统可查询一年内的数据进行对比分析。

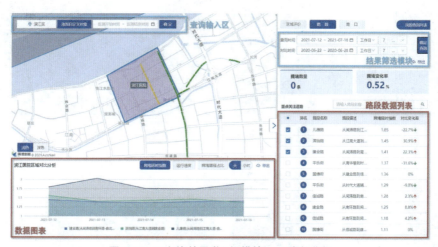

图4-58　"实施效果监测"模块——路段分析

数据诊断

用户可自定义评价范围,选择周/月/年不同评价时段进行分析,可针对路段两个不同时期的数据进行对比,通过道路拥堵变化率、各条道路拥堵延时指数和对比变化率,以及相应的拥堵延时指数、运行速度等趋势图对比评估路段改善效果。

2)区域实景对比

通过医院周边道路、路口治理前后运行实景图可了解道路治理成效显著,高峰时段拥堵明显缓解(图4-59)。

停车方面也有改善,平均排队时间由60min以上到基本消除排队现象;临时上下客车辆在施划的上下客区停放,违停车辆基本消失(图4-60)。

道路治理前　星期一 9:00　　道路治理后　星期一 9:00

滨盛路治理前　　滨盛路治理后

儿康路治理前　　儿康路治理后

图 4-59　儿童医院周边道路改善实景

停车治理前　　停车治理后

平乐街治理前　　平乐街治理后

儿康路上下客区设置前　　儿康路上下客区设置后

图 4-60　儿童医院周边停车改善实景

4.2.5 案例小结

缓解医院周边交通问题的关键在于停车资源的有效挖掘,以及覆盖"点、线、面"的精细化交通组织方法。本案例以大数据为支撑,对医院停车难问题从源头着手,在停车需求和就诊人群出行距离分析的基础上提出交通改善建议,并在实施落地后提供数据量化评估。

1)精准定位

通过强吸引点的诊治分析,迅速确定存在交通拥堵状况的医院,并精准分析出医院周边拥堵道路、拥堵高峰、主要出入口排队状况,从而进行交通改善建议。

2)停车共享

除了增加临时停车场等,通过周边停车场停车位共享,实现停车供给适度扩容,线下停车诱导屏与高德地图线上导航系统相结合,更好地实现停车诱导。

3)设置公交接驳线

设置医院周边停车场与医院之间的公交接驳换乘线路,实现了对周边 7 个停车场串联接驳,进一步落实停车共享,服务远距离出行的患者。

4)停车预约服务

为解决寻找和等待停车位的车辆堵在医院门口排"长龙"的问题,提供停车预约服务,减少停车排队和等待时间,精细化的停车服务为来医院就诊的患者提供便捷。

5)运行效率提高

通过数据问诊、停车管理方案设计、方案实施、评价反馈这一闭环,为交通管理者提供支持,实现了对于区域交通运行的分析与改善,区域的交通运行效率得到了提高。

4.3 场景三:商圈

交通组织,即在不改变道路主体结构的基础上,通过交通相关的政策(如单行道、潮汐车道)、经济、法规等手段,均衡区域整体交通,实现对现有道路资源的合理利用。商圈,作为区域休闲娱乐等社会活动的中心,吸引交通量大,同时机动车、步行、非机动车等各类交通流复杂。因此,合理组织周边各类交通流就成了商圈交通治理的重难点,图 4-61 为商圈"评诊治"分析路径。

关键词: 车辆聚集　潮汐车道　路口治理　临时停车位

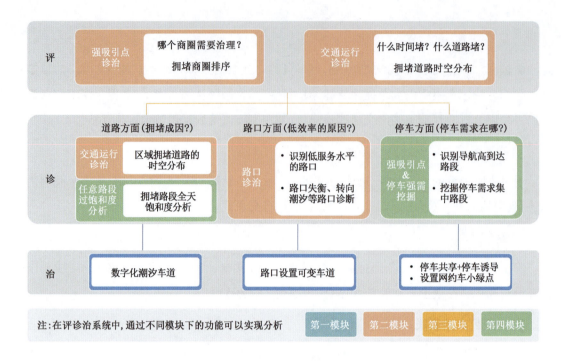

图 4-61　商圈"评诊治"分析路径

4.3.1　评(现状问题)

1) 交通虹吸现象明显,频发严重拥堵

商圈作为城市休闲娱乐的重要场所,存在着较大的虹吸效应,交通吸引范围较广,这就导致商圈在非工作日高峰期易出现交通集聚,产生严重拥堵,对路网造成较大压力(图4-62)。

图 4-62　高峰期商圈交通流量大

2) 机动车出行比例高,车辆短时聚集

商圈的机动车出行比例高,出行的时间相对集中,同时慢行出行需求量大,因此商圈周边的交通流十分复杂,机动车、慢行交通等各类交通流易发生冲突。

3) 违规停车现象严重

商圈作为休闲娱乐场所,自驾车、网约车出行数量高;然而,由于监管力度不足、停车配套落后,违规停车现象频发,严重影响通行效率(图4-63)。

a) 商圈周边人车交通复杂　　　　　　　　b) 商圈周边违停现象严重

图4-63　商圈周边秩序混乱

4.3.2　诊(数据问诊)

1) 拥堵商圈排序

龙湖杭州滨江天街拥堵延时指数为2.02,在滨江区商场中拥堵排名第一,晚间拥堵较为严重。

对研究区域范围内的所有商圈进行扫描分析,根据商圈周边道路的拥堵延时指数,判断需要进行诊治改善的商圈。数据反映,滨江区内龙湖天街商圈在节假日的拥堵指数较高(图4-64),也是区域内商场中导航热度排名第一的吸引点。由此可判断出,商圈周围客观存在的高交通需求,需要对交通流进行合理有效的管理和诱导。本案例以滨江区龙湖天街商圈为例,挖掘其交通运行特点,进行商圈场景的治堵分析。

> **数据诊断**
>
> 用户可对城市或城市下属行政区进行自定义时间段的扫描分析,得到节假日或工作日不同特征日的拥堵商场排行,包含拥堵延时指数、导航规划量、停车位数量、拥堵状态等信息,结合全天24h内需要分析的时段,确定最需要进行诊治改善的商场。

图 4-64　滨江区拥堵商场分布

通过评诊治系统中"交通精细诊治"下的"强吸引点诊治"模块可进行拥堵商场诊断,商场分析时段可选择非工作日的晚间(图 4-65)。

图 4-65　"强吸引点诊治"模块——商场

2)非工作日午间和晚间拥堵严重

龙湖天街商圈位于滨江区核心区域,是区域内重要的休闲娱乐中心。龙湖天街商圈东至江汉路,西至江虹路,南至月明路,北至江南大道,东北侧配套有江汉路地铁站。

通过评诊治系统中"交通精细诊治"下的"交通运行诊治"模块可进行道路运行状态的诊治。商圈周边非工作日午间、晚间交通流量巨大,导致商圈周边路网发生严重拥堵。商圈周边路段高峰期拥堵延时指数大于2,部分路段甚至大于4,尤其是江汉路、月明路以及江南大道(图 4-66、图 4-67);周边道路的长度较短,路段上的拥堵随时间沿路网蔓延,使得部分交叉口多方向拥堵,最终形成拥堵道路闭环的严重问题。

图 4-66　龙湖天街商圈周边道路拥堵状况（非工作日午间）

图 4-67　龙湖天街商圈周边道路拥堵状况（非工作日晚间）

3）相邻路口运行效率低

龙湖天街商圈涉及江汉路、江虹路、月明路、江南大道四条道路，以及这四条道路围绕形成的四个交叉口。路口间距较近，商场出入口排队溢出的车辆往往会影响周边交叉口。数据显示，周末及节假日晚高峰，商圈周边四个路口中多为服务水平 E 或 F 的状态，路口延误较为严重（图 4-68）。

通过评诊治系统中"交通精细诊治"下的"路口诊治"模块可进行路口问题诊断（图 4-69）。

图 4-68 龙湖天街商圈周边路口运行情况（节假日晚高峰）

图 4-69 "路口诊治"模块

> **数据诊断**
>
> 用户可对城市或行政区按月维度或天维度进行查询，区分"早晚高峰/早高峰/晚高峰/平峰"等的路口运行状况，包含区域内交通信号控制路口中低服务水平路口、失衡路口、溢出路口的分布，从而确定问题路口，根据各个问题路口排队长度、停车次数、延误指数等指标进行详细诊断。

4）驾车出行多且出行起点多为滨江区内部

商场交通多以休闲娱乐为出行目的，所以机动车（自驾车、网约车）出行较多，进而产生了较高的停车需求。据统计，商圈高峰期车流量可达 1000 辆/h，日均最大客流 18 万人次，日均最大车流量 10000 辆。

通过评诊治系统中"工具组件分析"下的"强吸引点&停车强需挖掘"模块可进行停车强需求路段诊断。数据显示,节假日晚高峰,龙湖天街商圈在滨江区的热门到达目的地中排名前列,且商圈周围部分路段停车需求占比高达80%（路段到达交通流量/总交通流量）,说明路段具有强停车需求(图4-70)。

图4-70　滨江区热门目的地吸引指数(节假日晚高峰)

通过分析前往龙湖天街商圈的用户起点数据可知,滨江区内部占比为43.6%,主要分布在杭州印、星光国际广场等,出行距离不超过3km(图4-71)。

图4-71　前往龙湖天街商圈的用户起点热力分布图

4.3.3 治(靶向治疗)

1)交通组织优化

治理思路:挖掘不均衡路段、路口,对重点路段进行潮汐交通、可变交通组织。

通过评诊治系统分析商圈周边交通流问题,挖掘不均衡路段、路口,以量化数据辅助商圈交通组织改善,减少调研成本,充分利用道路资源,实现交通流均衡,助力交通运行畅通。该治堵应用场景,是经过多方参与共同努力形成的治理方案。

(1)过饱和路段诊治:江汉路北向南方向17:00—18:50交通流量持续处于过饱和状态。

重点分析商圈周边过饱和道路,结合商圈的运行特征,分析时段选取节假日的晚高峰。数据显示江汉路双向均处于过饱和状态,尤其北向南方向,在17:00—18:50交通流量持续处于过饱和状态(图4-72)。

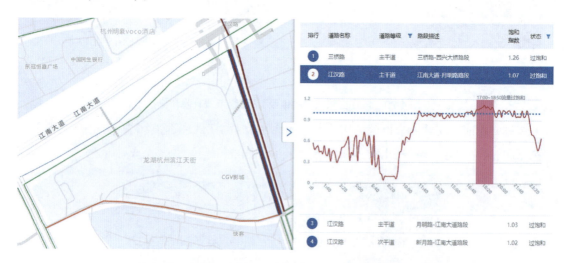

图4-72　江汉路24h饱和度状况(节假日晚高峰)

通过"工具组件分析"下的"任意路段过饱和度分析"模块可进行道路饱和度情况诊断(图4-73)。

> **数据诊断**
>
> 用户可对研究的城市或行政区在月维度或天维度下,按工作日或节假日进行分析,可得区域内早晚高峰或平峰不同时间段的道路负荷状态分布图,分为过饱和、临近饱和、较低饱和、极低饱和四种。从中选择区域内过饱和道路,通过24h趋势变化图进行分析诊治。

图 4-73 "任意路段过饱和度分析"模块

(2)路口诊治:江南大道—江汉路路口服务水平为 F 级。

由于路口间距较近,商场出入口排队溢出的车辆往往会影响周边交叉口。晚高峰时段,江南大道上两处交叉口服务水平均较低,其中江南大道—江汉路路口服务水平达到了 F 级,存在交叉口饱和、转向失衡等问题(图 4-74)。

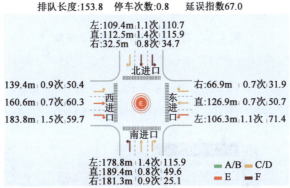

图 4-74 江南大道—江汉路路口运行情况(晚高峰)

观察交叉口全天 24h 拥堵延时指数数据可以发现(图 4-75),东进口左转、西进口右转和北进口直行方向上的拥堵在晚高峰期间较平峰期明显增加,具有潮汐性,可考虑设计潮汐车道,提高交叉口总体服务水平。

还有部分交叉口存在转向失衡的现象,如江南大道—江虹路东进口左转、江汉路—明月路东进口左转延误过高(图 4-76)。

(3)治理方案一:潮汐车道。

基于商圈周边道路过饱和度分析结果,提出在江汉路设置数字化潮汐车道的建议,以缓解江汉路高峰时段交通流量过饱和的问题。

第 4 章 治理中:系统实战应用

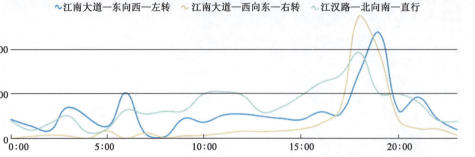

图 4-75 江南大道—江汉路部分方向全天转向延误指数趋势

图 4-76 商圈周边路口转向失衡现象

现场踏勘后,对江汉路进行分时段潮汐交通组织方案设计,包含实施时段、道路标志标线设计等。江汉路(江南大道—月明路)在图 4-77 中以斜线标示的车道平时南向北通行,潮汐时段北向南通行,潮汐时段为工作日 17:00—22:00,节假日 10:00—22:00。

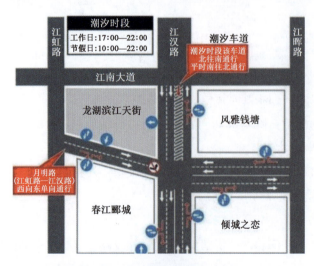

图 4-77 江汉路潮汐车道示意图

基于设计方案,在江汉路进行标线施划,在道路相应位置设置标牌,并发布公告提醒出行者(图4-78)。

图4-78　江汉路潮汐车道落地

(4)治理方案二:交叉口可变车道。

基于周围路口进口道各转向交通流数据特点,可在交叉口设置可变车道以解决同一进口不同转向车流量不均衡问题(图4-79)。

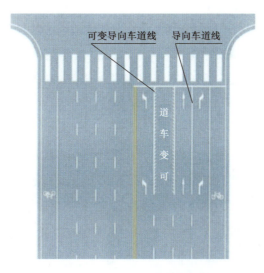

图4-79　可变车道设计示意图

通过大数据分析可省去现场调研路口数据的过程,可结合现状路口车道划分情况,合理设置可变车道方案,区域内共设计4处数字化可变车道,均衡交叉口交通压力。相关部门在各个路口将组织措施方案落地,进行标线施划,在道路相应位置设置标牌,并发布公告提醒出行者(图4-80)。

图4-80 龙湖天街商圈周边交叉口可变车道落地(江汉路—月明路)

2)周边停车治理

治理思路:识别商圈周边导航高到达路段,基于停车需求进行治理。

通过评诊治系统分析,挖掘商圈周边车辆停车以及上下客的强需求路段、拥堵路段,以此量化数据辅助商圈周边临时停车位设计,实现动静态交通协同治理。该治堵应用场景,是经过多方参与共同努力形成的治理方案。

(1)导航高到达路段识别:月明路、江汉路为龙湖天街周边的停车强吸引路段。

龙湖天街商圈周边道路多处存在违章停车现象,通过车辆行为轨迹与地图信息,关联道路与目的地的关系,可挖掘高到达的道路路段,识别停车强需求路段。

通过数据可以发现,龙湖天街整体为滨江区的热门到达目的地,而月明路、江汉路又为龙湖天街周边的停车强吸引路段,即多数车辆的出行终点在这些路段周边,因此反映出这些路段停车和上落客需求集中。月明路、江汉路两条道路的停车占比超过80%(到达的车流量占到达车辆与过境车辆之和的比例),为强需求道路(图4-81)。其中,月明路为次干路,道路宽度较主干路小,且商圈在月明路侧设置有停车场出入口,本身交通压力大。

(2)治理方案一:共享周边停车资源,建立停车诱导系统。

据统计,龙湖天街及周边区域停车位配建总量为9085个,日间需求5425个,日间空余3660个,夜间需求8523个,夜间空余562个(图4-82)。区域停车位配建总量充足,但停车资源利用率不高。因此,可以建立停车诱导系统,引导车辆至周边停车场,充分利用周边停车资源。

为更好地实现共享停车,应建立停车诱导系统,实时呈现各停车场剩余停车位的统计数据。龙湖天街周边的停车诱导点位布局规划方案中,二级停车诱导屏布置于江汉路等道路路口,三级停车诱导系统主要放置于各停车场入口附近。

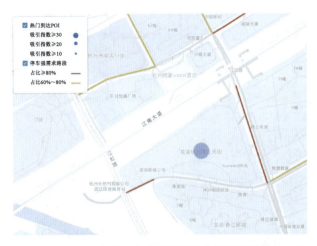

图 4-81 龙湖天街商圈周边停车强需求路段

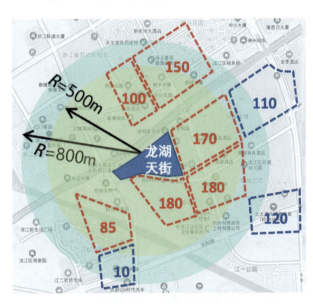

图 4-82 商圈周边 500m 范围内闲置停车资源分布

龙湖天街周边区域内共新建二级、三级停车诱导屏各 5 处，诱导屏上除了显示周边停车场的距离、空余停车位数量外，还设置"扫码停车"的二维码（图 4-83），采用"线上停车诱导与线下停车诱导相结合、线下停车诱导屏与高德地图线上导航系统相结合"的方式，引导车辆至周边 8 处停车场停放。

（3）治理方案二：规范临时上下客，设置网约车小绿点。

通过非自驾用户导航起终点的轨迹数据，对商圈周边上下车的强需求路段做识别诊断，支持定向施划停车点，减少调研成本。提取周边道路江南大道、江汉路、月明路的道路 link 数据，匹配途经该路径的用户轨迹，统计所有起点和终点定位在 link 上的用户总量，从而分析周边道路上下客的热度。

图 4-83　商圈周边停车诱导屏落地图

由数据可知,网约车出行用户上下车点除江南大道—江汉路交叉口附近外,多集中于月明路(图 4-84)。针对网约车停车需求高的地点,建议设置临时停车点。

图 4-84　龙湖天街商圈网约车上下客需求(节假日晚高峰)

在龙湖天街商圈周边设置 7 处共 26 个临时上下客车位,并联合网约车公司进行统一标志设计,规范上下客秩序。临时停车位允许车辆限时临时停靠,上下乘客,可在确保道路安全、畅通的情况下缓解停车需求,每个车位限时停靠 2min(图 4-85)。

同时,在商圈周边共设置 7 处网约车小绿点,商圈周边主要出入口设置网约车人行指引系统,引导网约车上下客在指定位置进行,在高德地图等打车 App 中可显示周边建议的上下客位置,通过导航实现网约车上客区连续不间断指引(图 4-86)。

图 4-85　龙湖天街商圈周边临时上下客车位落地图

网约车小绿点

网约车人行指引

图 4-86　龙湖天街商圈网约车人行指引

（4）治理方案三：取消路侧停车，加强停车管理。

龙湖天街南侧的月明路，设有机动车出入口，可供机动车及货运车辆通行，现状的路侧停车位，占用道路空间，交通秩序混乱。改善方案中，取消月明路两侧路内停车位 46 个（图 4-87），规范非临时停靠车辆入库停车，恢复非机动车路权，减少机动车与非机动车的冲突，提高了运行效率。

同时，在商圈周边设置 11 处违停抓拍，实现商圈区域违停抓拍全覆盖，减少了违规停车，保障路段运行效率。

4.3.4　量化效果评价

改善效果：商圈周边区域交通运行状况、交通秩序整体改善。

通过大数据分析了解停车需求以及现状情况，可以节省现场调研、统计临时停车上下客流量等工作的时间，提高治理效率和准确性。

第 4 章　治理中：系统实战应用　**81**

图 4-87　月明路取消路侧停车位

1）区域效果评估

龙湖天街商圈落实新的交通组织方式、加强停车管理，将改善后数据同之前进行对比，从区域、路段、路口等方面评估改善措施的效果。通过评诊治系统中"运行跟踪评价"下的"实施效果监测"模块可进行路口运行状况前后对比，系统可查询一年内的数据进行对比分析。

以 2021 年 6 月非工作日晚高峰数据与 2020 年 9 月非工作日晚高峰数据进行对比。重点观察周边交叉口改善效果，可针对路口两个不同时期的数据进行对比，得到服务水平、失衡路口和溢出路口的变化情况，以及具体变化路口的延误指数、停车次数、排队长度等指标列表及趋势变化图。区域内 3 个重点交叉口（服务水平低）交通运行状态均得到了改善。服务水平得到了提高，排队和延误状况有所改善（图 4-88）。

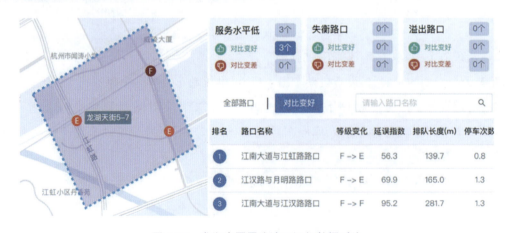

图 4-88　龙湖商圈周边路口运行数据对比

2）区域实景对比

通过数据对比，进行交通改善后区域拥堵延时指数降低 13%，拥堵时长下降 23%，区域交通情况得到了显著改善。路口拥堵和停车秩序混乱的现象也有所缓解（图 4-89）。

图 4-89　龙湖天街商圈区域改善情况

4.3.5　案例小结

由于商圈的虹吸效应,其吸引交通流总量大;同时其交通流复杂,人车冲突、进出交通冲突、临时停车需求高等问题明显。因此,商圈区域往往拥堵严重、交通组织困难,而且停车需求大,违停频发。本案例以大数据为基础进行商圈周边的交通组织,以及停车优化,并在实施落地后提供数据进行量化评估。

1)全面问诊

针对商圈分析时,从商圈对于城市的总体吸引入手,进行了从路网到路段,再到路口的自上而下的全面分析,考虑全面,为区域交通组织提供了数据支撑。

2)系统组织

分析中针对全面问诊的区域层面、路段层面、交叉口层面交通问题,分别进行了潮汐交通处理、可变交通处理,实现了整体交通流的均衡分布,进而提高区域的通行效率。

3)动静结合

优化措施中,动态交通和静态交通结合。针对自驾车辆停车场长期停车的需求,基于停车资源利用情况,建立分级停车诱导系统。

4)运行效率提高

通过数据问诊、交通组织与停车管理方案设计、方案实施、评价反馈这一闭环,为交通管理者提供支持,实现了对区域交通运行的分析与改善,使区域的交通运行效率得到了提高。

4.4 场景四:学校

学校作为城市重要的教育设施,周边普遍存在交通需求大的现状,尤其是在早晚学校上学放学时,居民会选择驾驶私家车等交通方式接送子女,其中自驾用户出行的需求量最大,这导致了道路拥堵严重、停车资源不足、路段违停多发、机非冲突严重等问题。由于学校附近道路的设计、规划不合理,更容易出现交通瓶颈,导致堵塞与停车混乱。图4-90为学校"评诊治"分析路径。

关键词:堵点诊断 车辆短时集聚 规范接送车辆停车秩序

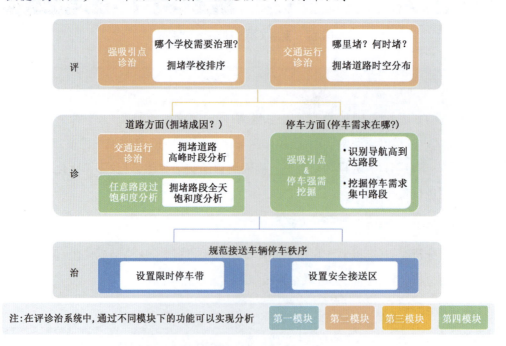

图4-90 学校"评诊治"分析路径

4.4.1 评(现状问题)

1) 瞬时交通需求大

家长驾驶私家车接送成为学生上下学的交通方式之一,上下学期间学校周边道路交通流量短时集聚(图4-91)。特别是上学时段与通勤高峰相互叠加,使得原本拥堵的交通更加不堪重负。

a)学校周边车辆短时集聚　　　　　　b)学校周边接送车辆秩序混乱

图4-91　学校周边现状问题

2) 接送车辆秩序混乱

上下学期间不少学校门口不但存在着车辆随意停靠上下客的情况,从学校出入的学生也可能会随意地穿插道路,导致交通秩序混乱,严重影响了附近路段的通行效率(图4-91)。

4.4.2 诊(数据问诊)

1) 拥堵学校排序

杭州市奥体实验小学拥堵延时指数为1.58,在滨江区学校中拥堵排名第一,早高峰处于缓行状态。

对研究区域范围内的所有学校进行扫描分析,根据学校周边道路的拥堵延时指数,判断需要进行诊治改善的学校。本案例选取杭州市奥体实验小学,挖掘其交通运行特点,进行学校场景的治堵分析。该小学在滨江区学校中拥堵排名第一,早高峰处于缓行状态(图4-92)。

通过评诊治系统中"交通精细诊治"下的"强吸引点诊治"模块可进行拥堵学校诊断,学校分析时段可选择工作日的早高峰(图4-93)。

图 4-92　滨江区拥堵学校分布

图 4-93　"强吸引点诊治"模块——学校

> **数据诊断**
>
> 　　用户可对城市或城市下属行政区进行自定义时间段的扫描分析，得到节假日或工作日不同特征日的拥堵学校排行，包含拥堵延时指数、导航规划量、停车位数量、拥堵状态等信息，结合全天 24h 内需要分析的时段，确定最需要进行诊治改善的学校。

2）早高峰时段拥堵叠加

通过"工具组件分析"下的"任意路段过饱和度分析"模块可进行道路饱和度情况诊断。奥体实验小学周围有多处住宅小区，学校的早晨上学时间与早高峰通勤时段重合，早高峰时段学校与跨钱塘江通勤上班的需求叠加，跨江通道呈过饱和状态（图 4-94）。

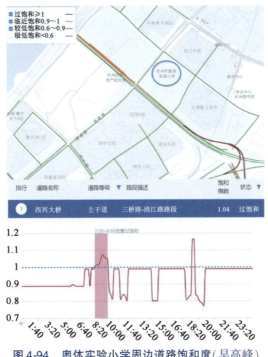

图 4-94　奥体实验小学周边道路饱和度（早高峰）

3）上下学接送车辆导致出入口道路拥堵

奥体实验小学的出入口位于扬帆路和丹枫路，重点分析早晚上下学时段的交通运行数据，诊断拥堵特性。扬帆路与丹枫路早晚高峰时段拥堵延时指数均大于 1.5，早高峰部分路段拥堵延时指数超过 2（图 4-95、图 4-96）。该数据通过评诊治系统中"交通精细诊治"下的"交通运行诊治"模块获取。

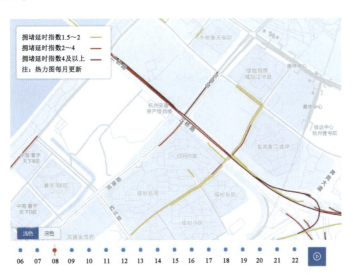

图 4-95　滨江区奥体实验小学周边道路拥堵状况（早高峰）

图 4-96　滨江区奥体实验小学周边道路拥堵状况（晚高峰）

4.4.3　治（靶向治疗）

治理思路：规范接送车辆停车秩序。

通过调研数据可知，奥体实验小学 70% 以上的学生居住地与学校的距离为 2~3.5km，家校距离较远。奥体实验小学机动车接送需求为 1950 人，占比为 74%（表 4-4）。结合数据问诊中早高峰时段学校出入口所在道路的拥堵状况，建议对接送车辆的停车秩序进行规范治理。该治堵应用场景，是经过多方参与共同努力形成的治理方案。

奥体实验小学学生出行方式占比　　　　　　　　　　表 4-4

出行方式	步行	非机动车	机动车	公共交通
出行人数（人）	353	227	1950	121
占比（%）	13	9	74	5

1）治理方式一：设置限时停车带

针对奥体实验小学学生上下学以机动车接送为主的现状，改善方案中通过设置限时停车带规范接送车辆秩序。取消学校附近道路的路内停车位，将停车位设置为限时停车带，限时停车带针对接送学生的车辆，规则是 7:00—8:00 送学生的车辆即停即走，16:00—18:00 接学生的车辆限时停放 20min 以内，通过停车带的规划设计提升学校附近路段车辆通行的效率（图 4-97）。

a) 治理前路内停车位

b) 治理后设置限时停车带

图 4-97　奥体实验小学周边设置限时停车带

同时,加强违停车辆的治理。一是违停抓拍,通过设置违停抓拍设备(图 4-98),严管无序停车,减少对道路通行的影响;二是发布违停信息公告,对于接送学生的违停车辆,由学校进行公告,敦促家长改进。

图 4-98　奥体实验小学周边违停抓拍装置

2) 治理方式二:设置安全接送区

通过调整断面,设置安全接送区,把学校出入口所在双车道道路靠学校一侧的车道设置为可即停即走的车道,并且外侧还分出了供学生下车行走的步行通道,而外侧车道设置为社会车辆通道,设置安全接送区,依靠规范接送车辆停车秩序,保障学生安全的同时,有效提高接送效率(图 4-99)。

4.4.4　量化效果评价

改善效果:学校周边道路早晚高峰拥堵延时指数下降。

除规范接送车辆停车秩序外,通过对学生的居住地分析,设计开通公交求知专线线路。将改善前后的工作日数据进行对比,通过路段拥堵延时指数变化率,评估改善措施的效果。该数据通过评诊治系统中"运行跟踪评价"下的"实施效果监测"模块获取。

a) 增设安全接送区前　　　　　　　　b) 增设安全接送区后

图 4-99　奥体实验小学周边增设安全接送区

以奥体实验小学附近的扬帆路和丹枫路为例,对比改善前后的道路运行数据,将 2021 年 6 月连续四周工作日早高峰数据与 2020 年 9 月连续四周工作日早高峰数据进行对比。丹枫路由西向东方向除个别日期外,2021 年 6 月的拥堵延时指数均低于 2020 年 9 月,统计出丹枫路下降 6.2%,扬帆路下降 6.6%(图 4-100、图 4-101)。

图 4-100　丹枫路早高峰拥堵指数对比分析

图 4-101　扬帆路早高峰拥堵指数对比分析

推广即停即走"三部曲":在家长、学生、志愿者的配合下,上学期间的整个下车过程仅用 8s,有效提升了接送区域的车辆运转效率,缩短了上学高峰期间对周边道路的交通影响(图 4-102)。

a) 坐在靠下车的车门边准备下车　　b) 志愿者准确站位　　c) 志愿者打开车门,学生下车

图 4-102　上学时段的即停即走

4.4.5　案例小结

学校周边交通拥堵问题是一个综合性、系统性、复杂性的交通问题,涵盖了道路供给、公交、慢行交通、停车管理、学校管理、家庭接送行为等方面,传统管理方式手段单一、力量单薄,难以取得效果。本案例采用多方联动模式,结合大数据挖掘拥堵问题根源,充分调动社会力量,合力改善学校周边道路交通拥堵现状。

1) 挖掘致堵根源

运用大数据思维,对学校周边运行的交通特征数据进行微观分析,探索私家车接送、停车等行为与道路交通拥堵之间的关系,最终挖掘出致堵的根源。

2) 全链路闭环

从前期数据问诊、热门学校识别,到现场勘查、方案设计,到施划落地、现场执法,再到后期量化数据对比分析,形成完整闭环,为交通管理者精准化综合施策提供依据。

4.5　场景五:地铁站周边

地铁站作为地铁与其他交通方式的衔接节点,具有极大的集散效应,居民出行乘坐地铁通常需要选择私家车、网约车、共享单车等交通方式接驳,其中非自驾用户出行的需求量最大,由于规划、设计及资源配置的不合理导致地铁站附近道路出现车辆停放乱象。本案例从需求侧出发,通过设置上下客停车位以改善此状况,图 4-103 为地铁站规范停车"评诊治"分析路径。

关键词:秩序混乱　上下客热点分布　临时停车位

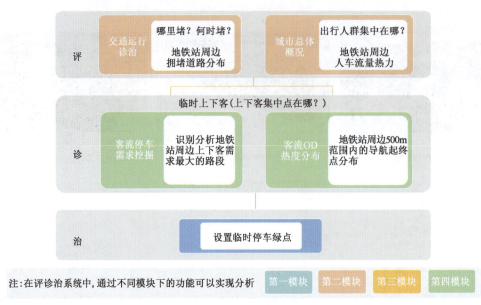

图 4-103　地铁站规范停车"评诊治"分析路径

4.5.1 评（现状问题）

1）交通秩序混乱

由于乘坐地铁的用户中很多是通过私家车、网约车来进行接驳，滨江区多处地铁站附近存在停车秩序混乱、影响道路交通正常运行等问题，易引发交通安全隐患（图 4-104）。

图 4-104　地铁站周边乱停车现象

2）道路通行效率低

滨江区内共有 4 条地铁线，18 个地铁站点，不少地铁站点附近出现乱停车现象，车辆随意停靠上下客，有时车辆甚至会在中间车道停车导致路段车辆停滞，或长时间停靠引发交通秩序混乱，严重影响附近路段和交叉口的通行效率，地铁站口的停车管理问题亟待解决。

4.5.2 诊（数据问诊）

以滨江区4号线和6号线的换乘站中医药大学地铁站为例进行诊断分析。

1）高峰异常拥堵（拥堵延时指数大于2）

与地铁站相邻的两条道路为东信大道和浦沿路，通过2021年4月中医药大学地铁站周边道路运行状况数据，诊断拥堵特征，早晚高峰东信大道部分路段拥堵延时指数大于2（图4-105、图4-106）。

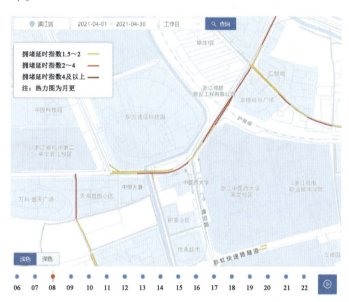

图4-105　滨江区中医药大学地铁站周边道路拥堵状况（早高峰）

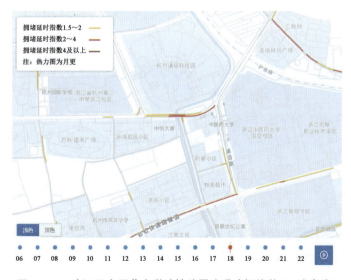

图4-106　滨江区中医药大学地铁站周边道路拥堵状况（晚高峰）

2）瓶颈时空蔓延

工作日早高峰 8:00—9:00、晚高峰 18:00—19:00 东信大道双向及浦沿路北向南方向易出现拥堵。该数据通过评诊治系统中"交通精细诊治"下的"交通运行诊治"模块获取。

3）站点 C、D 口人流量和车流量较大

中医药大学地铁站周边分布有科技园、大学、住宅区、超市商业等,分析周边的人流聚集程度和车流量可判断该片区的交通出行特征。

中医药大学地铁站附近道路中浦沿路北向南(东信大道—滨文路)、浦沿路南向北(滨文路—东信大道)、东信大道西向东(浦沿路—南环路)方向车流量较大,中医药大学地铁站 B 口北侧科技园、C 口南侧美食娱乐广场、D 口紧邻的浙江中医药大学人流相对集中(图 4-107)。

图 4-107　中医药大学地铁站周边人流量和车流量热力图

通过评诊治系统中"交通精细诊治"下的"城市总体概况"模块可以进行人流量及车流量的热力诊断(图 4-108)。

> **数据诊断**
>
> 用户可对研究的城市或行政区进行不同月份的查询,可显示该区域内的人流量、车流量以及家和公司的位置热力分布图,通过地铁站周边的人流量和车流量热力分布图来确定热门地铁口。

4.5.3　治(靶向治疗)

治理思路:热门路段设置临时停车绿点。

结合所选区域的地铁站布局,通过评诊治系统分析,挖掘非自驾导航用户在地铁站周边上下车的强需求路段,诊断出上下客需求最大的地铁站对应站口。以此量化辅助地铁站周边停

车位的选取,设置并施划临时停车位,允许车辆临时上下乘客,在确保道路安全畅通的情况下缓解拥堵问题。

图 4-108 "城市总体概况"模块——流量热力分布

1) 客流停车需求挖掘

通过非自驾用户导航起终点的轨迹数据,对地铁站周边上下车的强需求路段做识别诊断,分析出上下客需求最大的路段,支持定向施划,减少调研成本。

对地铁站周边各方向道路进行 link 提取,基于此数据匹配途经用户的导航轨迹,统计所有起点和终点定位在 link 上的用户总量,从而对各方向起终点总量排序,起终点最多的为高需求路段。

以中医药大学地铁站为例,地铁站附近道路共有 8 个方向(图 4-109),8 个方向上非自驾用户日均总量为 2818 人,热度最高的为浦沿路北向南方向(非驾车用户日均总量为 674 人)和南向北方向(非驾车用户日均总量为 577 人),分别对应地铁站 C 口和 D 口,即这两个站口上客下客需求量最大(表 4-5)。

滨江区中医药大学地铁站周边道路客流热度排行   表 4-5

客流热度排序	方向编号	日均导航起点数量	日均导航终点数量	日均总量	热度
1	2	366	308	674	上+下客热
2	1	295	282	577	上+下客热
3	5	228	223	451	上+下客相当
4	3	237	177	414	上客热
5	6	96	150	246	下客热
6	8	76	151	227	下客热
7	4	102	101	203	上+下客相当
8	7	15	11	26	上+下客相当

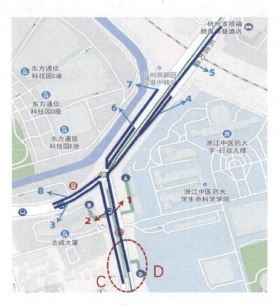

图 4-109 中医药大学地铁站周边道路客流方向分布

2) 客流 OD 热力分布

除了地铁站周边道路上下客需求分析外,还可通过地铁站周边 500m 范围内的导航起终点分布进一步验证停车客流热度。中医药大学地铁站周边导航起终点热力分布图(图 4-110)显示以该地铁站作为导航起终点的用户数量,颜色越深代表人口密度越大,即以此为起点或终点的人员越集中。

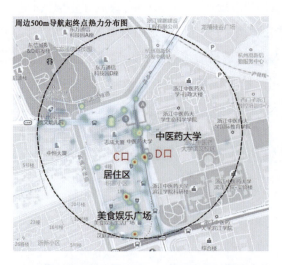

图 4-110 中医药大学地铁站周边 500m 范围内导航起终点热力分布图

结合驾车起终点的 OD 热力分布图和周边用地性质,可以判断出热门吸引点。如图 4-110 所示,中医药大学地铁站 C 口南侧居住区和美食娱乐广场、D 口紧邻的浙江中医药大学热力较高,在C、D地铁口上下客的用户很多,建议将临时上下客区设置在需求热度最高的点位,所以中医药大学地铁站的临时上下客区建议设置在C口和D口。

3) 临时停车位实勘设计

基于上述数据分析,高德地图给出临时停车位设置建议,建议中医药大学地铁站周边临时停车位设置在地铁站C口和D口。通过大数据可以节省现场调研、统计上下客流量等工作的时间,提高效率和准确性。

在此基础上进行现场踏勘,考察位于浦沿路上的中医药大学地铁站C口和D口的道路条件,合理选取车位的具体施划位置。

C口处车流方向为由北向南,该方向机动车道有3条,机动车道与非机动车道之间为绿化带隔离,C口北侧约60m处有一道路出入口,南侧约40m处为加油站入口,因此将C口处的设置点位选在北侧道路出入口处。D口处车流方向为由南向北,该方向机动车道有4条,机动车道与非机动车道之间为绿化带隔离,D口紧邻一公交车站,距北侧中医药大学西北门约100m,由于此处车道由三车道拓宽至四车道,因此将D口处的设置点位选在公交车站的前端机动车道上。

结合数据分析和现场调研,建议临时停车位设置在C口北侧道路出入口处绿化隔离带前端、D口公交车站的前端(图4-111)。

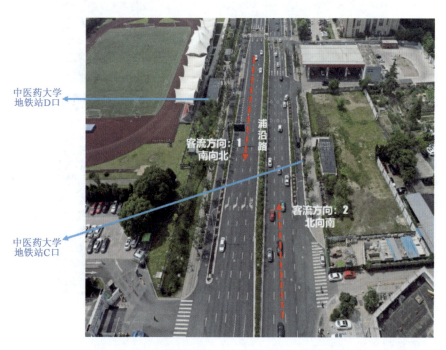

图4-111 中医药大学地铁站临时停车建议站口

临时上下客区的停车位设计尺寸为6m×3m,每个点位施划2个临时停车位。在C口北侧道路出入口处绿化隔离带前端施划2个,由于距离出入口和人行道较近,建议非机动车道保留3m的通行空间;在D口公交车站站台北侧的机动车道上施划2个,临时上下客区限时停车2min(图4-112)。

图4-112 中医药大学地铁站临时停车位设计图

4)临时停车位实施落地

按照地铁站口临时停车位选点和设计方案,在浦沿路上进行施划,C口和D口共2处施划

4个临时停车位,每个地铁站口附近2个。车位以白色虚线表示,并在停车位内标注"限时2分钟",路侧绿化带中设置停车位标志。

C口处利用机非绿化隔离带的宽度,车位宽度保留2.5m,在车位右侧施划黄色网格线,宽度为0.5m,方便乘客上下车;D口施划在公交车站北侧最外侧车道上,车位宽度保留3m,紧贴绿化隔离带进行施划(图4-113)。

图4-113　中医药大学地铁站临时停车位实景图

5)滨江区全域点位治理建议

根据上述算法,分别对滨江区范围内4条地铁线的18个站点进行临时落客区设置建议。滨江区共4条地铁线,18个站点,其中4个为换乘站(图4-114)。

通过非自驾用户导航起终点的轨迹数据,对每个地铁站周边上下车的强需求路段做识别诊断,分析上下客需求最大的路段以及对应的地铁站口,整理出滨江区各地铁站最热导航路段(表4-6)和建议治理的地铁站口(图4-115)。

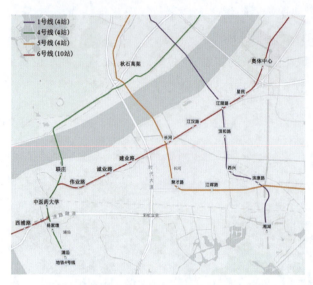

图 4-114 滨江区地铁线路及站点分布现状

滨江区各地铁站最热导航路段分布 表 4-6

地铁线路	地铁站	客流热度排序	路段方向编号	日均驾车起点量（网约车数据）	日均驾车终点量（网约车数据）	总量	热度	建议治理站口
6、4号线	中医药大学站	1	2	239	196	674	上+下客热	C口
		2	1	194	187	577	上+下客热	D口
4号线	联庄站	1	17	98	74	317	上客热	D口
		2	11	59	70	246	下客热	D口
		3	9	57	61	232	上+下客热	D口
4号线	杨家墩站	1	4	70	64	232	上+下客热	A口
		2	5	57	53	204	上+下客热	B口
4号线	浦沿站	1	9	109	86	308	上+下客热	A口
		2	3	106	92	275	上+下客热	C口
		3	4	56	101	260	下客热	A口
5、6号线	长河站	1	5	171	131	753	上+下客热	D口
		2	6	231	241	687	上+下客热	C口
5号线	聚才路站	1	3	381	453	1248	下客热	C口
		2	8	328	358	1008	下客热	C口
		3	4	368	267	965	上客热	C口
5号线	江晖路站	1	10	156	168	536	上+下客热	D口
		2	2	133	128	483	上+下客热	C2口
		3	1	104	86	450	上+下客热	D口
1、5号线	滨康路站	1	7	230	203	836	上+下客热	H口
		2	8	197	170	583	上+下客热	A口

续上表

地铁线路	地铁站	客流热度排序	路段方向编号	日均驾车起点量（网约车数据）	日均驾车终点量（网约车数据）	总量	热度	建议治理站口
1、6号线	江陵路站	1	7	320	326	858	上+下客热	D口
		2	6	246	213	782	上客热	B口
1号线	滨和路站	1	2	146	129	409	上客热	C口
		2	1	92	100	387	下客热	D口
		3	8	132	102	385	上客热	D口
		4	7	115	107	355	上+下客热	D口
1号线	西兴站	1	7	166	166	519	上+下客热	D口
6号线	西浦路站	1	8	47	42	184	上客热	B口
		2	7	19	23	105	上+下客热	D口
		3	3	23	26	101	上+下客热	D口
6号线	伟业路站	1	6	152	167	437	下客热	C口
		2	2	87	88	290	上客热	C口
6号线	诚业路站	1	6	379	336	1212	上客热	C口
		2	5	176	190	555	上客热	C口
6号线	建业路站	1	6	236	258	662	下客热	C口
		2	8	171	139	660	上客热	B口
6号线	江汉路站	1	5	577	633	1785	下客热	D口
		2	2	288	358	1399	上客热	D口
		3	1	288	303	1022	上+下客热	A口
6号线	星民站	1	2	312	342	1039	下客热	D口
		2	1	144	130	490	上+下客热	A口
6号线	奥体中心站	1	施工中	—	—	—	—	—

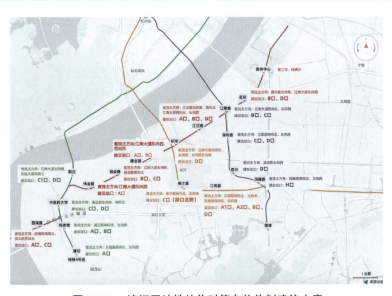

图4-115 滨江区地铁站临时停车位施划建议方案

依据建议站口方案,需要对每个建议治理的地铁站口进行现场踏勘,查看周边道路车道数、机非分隔状态、与道路出入口的距离等,确定是否具备临时车位建设条件,再进行临时上落客点设计。

基于相关建议治理路口和设计方案,在道路现场结合实际进行临时停车位施划(图 4-116),并严格执法,对未按规定位置停车以及停车时长超过规定的车辆依法予以处罚。

图 4-116　临时停车位标志标线设计图

4.5.4　量化效果评价

改善效果:相邻道路拥堵延时指数环比下降。

将临时停车位施划后的工作日数据和施划前的工作日数据进行对比,通过路段拥堵延时指数变化率,评估任意时段改善措施的效果。

以中医药大学地铁站为例,对比临时停车位施划前后的道路运行数据。临时停车位于 2021 年 6 月进行施划,因此以 6 月连续两周工作日早晚高峰数据与 4 月连续两周工作日早晚高峰数据进行对比,重点关注 C 口、D 口所在的浦沿路。由南向北方向除个别日期外,6 月的拥堵延时指数均低于 4 月,环比下降率为 2%;由北向南方向拥堵延时指数环比下降,下降率为 7.6%(图 4-117)。

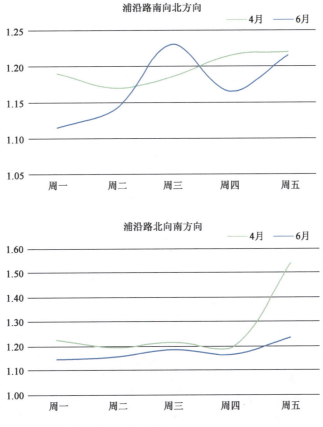

图4-117 浦沿路6月与4月工作日早晚高峰拥堵延时指数对比

4.5.5 案例小结

由于地铁站的接驳属性,地铁站附近上下客人流较多,易出现乱停车现象,本案例以大数据为基础进行地铁站临时停车位的布局设置,并在实施落地后提供数据量化评估。

1) 快速问诊

利用高德地图大数据进行前期问诊,可以快速诊断病因,减少现场调查统计道路流量、上下客乘客数量等工作时间,提高效率和准确性。

2) 停车秩序改善

临时停车位施划前,车辆随意停靠引发交通拥堵,交通秩序混乱;施划后,车辆利用临时停车区域停靠上下客,违停乱停现象减少,交通畅通。

3) 道路运行效率提高

合理设置临时停车区域后,保证了主路车道的正常通行秩序,提高了道路的运行效率,数据对比评价显示有效降低了道路拥堵。

4）全链路闭环

从前期数据问诊、热门地铁站口识别，到现场勘查、方案设计，到施划落地、现场执法，再到后期量化数据对比分析，形成完整闭环，为交通管理者精准化综合施策提供依据。

4.6 场景六：路段诱导屏

智能交通系统中的交通诱导屏是解决交通拥堵、提高路网运行效率的重要手段之一。交通诱导屏的作用是显示各种可以诱导道路交通流的通告和引导信息，以便驾驶人员更好掌握目前的路况信息，避免拥堵，减少交通事故。本案例重点分析利用数据进行拥堵路段的诱导屏设置，以实现科学有效的诱导，合理分配道路交通流量，实现道路资源利用最大化，图 4-118 为路段诱导屏"评诊治"分析路径。

关键词：流量过于集中　交通诱导　道路资源利用最大化

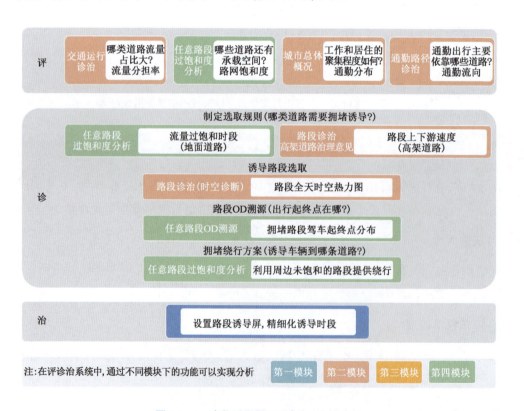

图 4-118　路段诱导屏"评诊治"分析路径

4.6.1 评(现状问题)

1) 流量过于集中

滨江区目前交通流量过于集中高/快速路,区内支路不足,且大量道路通行效率低,导致快速路和主干道交通流量集聚,拥堵严重。

2) 诱导屏未达到预期

部分交通诱导屏存在信息更新不及时、设置位置不合理等问题,导致无法在路网中达到预期的诱导效果。

4.6.2 诊(数据问诊)

1) 道路交通流量均衡性分析

(1) 交通流量过于集中高/快速路。

通过对区域内不同等级道路交通流量、拥堵延时指数的诊断分析,可以判断不同等级道路交通流量分担合理性。滨江区的高/快速路交通流量占比为12%,但其在道路网中的里程占比仅为1.7%;支路在道路网中的里程占比为44%,交通流量占比不足13%,区域内路网流量分配不均,交通流量过于集中高/快速路(图4-119)。

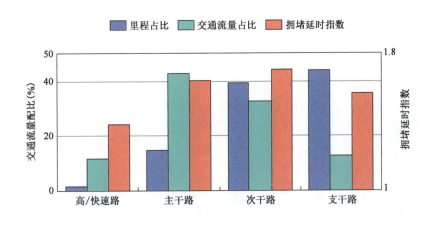

图4-119 滨江区各等级道路交通流量分担率

通过评诊治系统中"交通精细诊治"下的"交通运行诊治"模块可以进行道路交通流量配比分析(图4-120)。

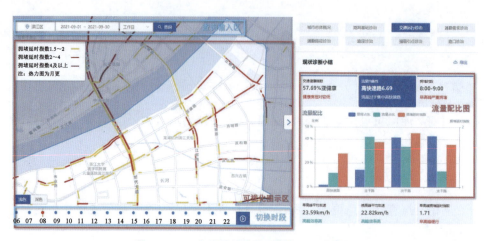

图 4-120 "交通运行诊治"模块——流量配比

> **数据诊断**
>
> 用户可查询城市或行政区自定义时段内,区分"节假日或工作日"的道路拥堵情况,"现状诊断小结"中包含区域内交通健康指数、流量均衡性、早晚高峰平均车速、早晚高峰拥堵延时指数等数据,其中流量均衡性为区域内各等级道路车流量占比,以此判断各等级道路上交通流量的集中程度。

(2)道路资源使用不均衡。

早晚高峰时段,滨江区过饱和道路多为快速路和主干路,大量的次干路和支路处于低饱和状态,道路交通流量分配不均衡(图 4-121)。该数据通过评诊治系统中"工具组件分析"下的"任意路段过饱和度分析"模块获取,道路负荷状态分布图分为过饱和、临近饱和、较低饱和、极低饱和四种。

图 4-121 滨江区路网过饱和度分析

2)区域通勤需求诊断

通勤出行是城市交通出行的主体,时空规律性强,掌握其精细化的特征和规律对于交通治理有重要作用。

(1)滨江区多职少住。

通过统计的通勤人口数量可知,滨江区工作/居住失衡指数1.3,属于多职少住区域。办公地以互联网产业园、高新研发区为主,居住地多集中于区域东北部(图4-122)。通过评诊治系统中"交通精细诊治"下的"城市总体概况"模块可对通勤人口数量进行诊断。

图4-122 滨江区通勤热力分布图

(2)早高峰东西向通勤走廊驾车需求较大。

通过查询通勤路径,可以分析早晚高峰车流汇入汇出的主要道路。早高峰目的地较为集中,大多在高新研发区、互联网产业园,东西向的彩虹快速路、滨安路等为主要通勤路段(图4-123)。

图4-123 滨江区早高峰通勤路径诊断

该数据通过评诊治系统中"交通精细诊治"下的"通勤路径诊治"模块获取。模块下可以查看内内、内外、外内三类通勤的主要路径。三类通勤基于通勤地点与分析区域边界的关系划分:"内内通勤"指通勤起点和终点均在区域内,"内外通勤"指通勤起点在区域内、通勤终点在

第4章 治理中:系统实战应用

区域外,"外内通勤"指通勤起点在区域外、通勤终点在区域内。

4.6.3 治(靶向治疗)

治理思路:拥堵道路实施流量诱导。

对于交通流量过饱和、长时间长距离拥堵的路段,建议引导部分车辆使用未饱和道路以缓解道路拥堵。待诱导路段选取规则根据道路类型的不同区分为地面道路和高架道路两种。

1) 地面道路诱导

(1) 诱导路段选取规则:选择交通流量过饱和路段且长时间(拥堵时长>1h)、长距离(拥堵长度>500m)拥堵的路段,选取路段常发拥堵且拥堵延时指数>2。

在研究时段的工作日,滨江区部分道路出现过饱和状态,如时代大道、江南大道等(图4-124),通过评诊治系统中"工具组件分析"下的"任意路段过饱和度分析"模块还可以查看每一条具体道路的饱和度曲线(图4-125),以确定其拥堵时长是否满足筛选条件。

图4-124 "任意路段过饱和度分析"模块——滨江区

> **数据诊断**
>
> 用户可对研究的城市或行政区在月维度或天维度下,按工作日或节假日进行分析,可得区域内早晚高峰或平峰不同时间段的道路负荷状态分布图,分为过饱和、临近饱和、较低饱和、极低饱和四种。从中选择区域内过饱和道路,通过24h趋势变化图帮助诊断哪些时段过饱和严重。

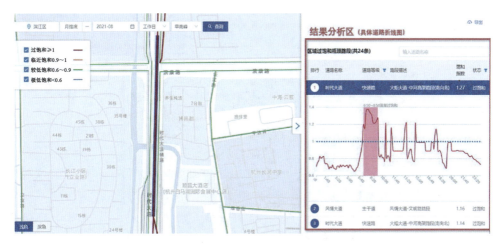

图 4-125 "任意路段过饱和度分析"模块——过饱和道路 24h 趋势图

通过上述数据可筛选出交通流量过饱和且长时间(拥堵时长 > 1h)、长距离(拥堵长度 > 500m)拥堵的路段,同时需要确保所选取路段常发拥堵且拥堵延时指数 > 2,拥堵延时指数通过"交通精细诊治"下的"交通运行诊治"模块获取(图 4-126),过滤掉拥堵时间或拥堵距离过短的路段。

图 4-126 "交通运行诊治"模块——滨江区

(2)选取待诱导路段:以滨江区江南大道东向西方向为例。

根据上述规则,以滨江区江南大道东向西方向为例进行诱导路段的选取。通过全天时空热力图判断拥堵时空特征(图 4-127),颜色越红代表越拥堵。其中横坐标为空间,显示江南大道东向西方向的各路段;纵坐标为时间,显示全天 24h,精细到 10min 颗粒度的热力分布。

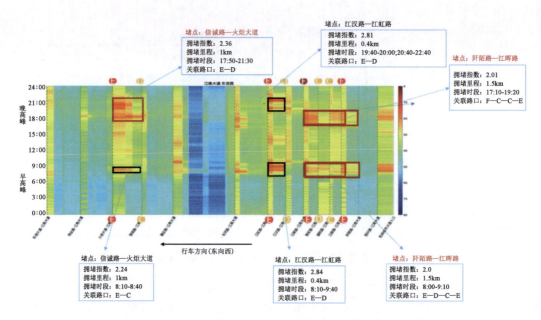

图 4-127 滨江区江南大道东向西方向全天时空热力图

根据时空热力图读取早晚高峰拥堵瓶颈点及拥堵路段,其中阡陌路至江晖路、江汉路至江虹路、信诚路至火炬大道三条路段早晚高峰拥堵较为严重,统计 6 条路段的拥堵延时指数、拥堵里程、持续时长,来确定需要诱导的路段位置,排除距离、时间过短路段(黑色框),红色框内为需要诱导的路段(表 4-7)。

滨江区江南大道拥堵路段选取　　　　　　　　　　　　　　　表 4-7

路　　段	拥堵时段	拥堵延时指数	拥堵里程	拥堵持续时长	关联路口的服务水平	是否需要诱导
江南大道东向西（阡陌路—江晖路）	早高峰	2.0	1.5km	8:00—9:10	E—D—C—E	是
江南大道东向西（阡陌路—江晖路）	晚高峰	2.01	1.5km	17:10—19:20	F—C—C—E	是
江南大道东向西（江汉路—江虹路）	早高峰	2.84	0.4km	8:10—9:40	E—D	否
江南大道东向西（江汉路—江虹路）	晚高峰	2.81	0.4km	19:40—20:00 20:40—22:40	E—D	否
江南大道东向西（信诚路—火炬大道）	早高峰	2.24	1km	8:10—8:40	E—C	否
江南大道东向西（信诚路—火炬大道）	晚高峰	2.36	1km	17:50—21:30	E—D	是

道路时空热力图可以通过评诊治系统中"交通精细诊治"下的"路段诊治"模块获取（图4-128），对于研究范围内的拥堵道路可以分析其全天时空热力图，确定拥堵路段和拥堵时间（图4-129）。

图4-128　"路段诊治"模块—拥堵道路总览

图4-129　"路段诊治"模块—拥堵道路时空诊断

数据诊断

用户可对研究的城市或行政区进行自定义时间范围内的拥堵道路查询，按工作日或节假日进行分析，可得区域内早高峰或晚高峰拥堵道路分布图以及根据拥堵延时指数的排序信息，包含道路名称、道路方向、道路等级、速度，具体路段还可进行"时空诊断"，可查看该路段的堵点以及全天时空热力图。

（3）路段OD溯源：通过阡陌路—江晖路路段的车流起点集中在东北部萧山区居住地，终点集中在滨江互联网园区。

以需要诱导的阡陌路—江晖路路段为例,进行OD溯源,对拥堵路段早高峰时段的需求起点、终点进行回溯,分析拥堵成因。江南大道(阡陌路—江晖路)早高峰的拥堵时段为8:00—9:10,拥堵指数为2.0,拥堵里程为1.5km。通过热门驾车OD数据诊断,通过该路段的车流起点集中在东北部萧山区居住地,终点集中在滨江互联网园区,为通勤主要廊道(图4-130)。

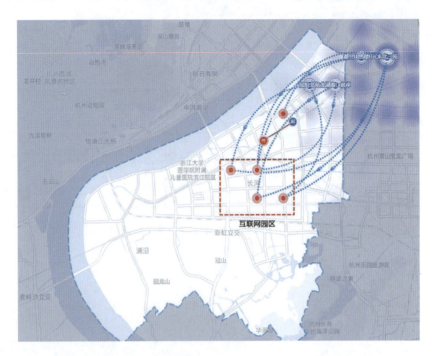

图4-130 早高峰经过江南大道(阡陌路—江晖路)的车辆起终点分布

通过评诊治系统中"工具组件分析"下的"任意路段OD溯源"模块可以进行道路起终点分析(图4-131)。

图4-131 "任意路段OD溯源"模块

> **数据诊断**
>
> 用户可对城市或行政区内某一条道路的驾车 OD 数据进行溯源分析,区分早高峰或晚高峰时段,查询通过该路段的通勤热门驾车 OD 数据,及热门居住地和热门工作地的分布情况。其中,"驾车通勤人数"表示途经该路段的居住地工作地所对应的通勤人数,"用户占比"表示通勤人数占途经该路段所有通勤人数的比例。

(4) 拥堵绕行方案:利用同一时段周边未饱和的路段提供绕行。

江南大道(阡陌路—江晖路)8:00—9:10 时段的交通需求大于供给,为解决该路段交通流量过饱和致堵的问题,提出拥堵绕行方案(图 4-132)。基于 OD 流向,结合周边路网的承载力图,寻找同一时段未饱和可绕行的路段,综合判断提出绕行方案:方案 1,由西兴路—月明路—江晖路向南绕行进入互联网园区;方案 2,由阡陌路—滨盛路—江晖路向北绕行进入互联网园区。

图 4-132 江南大道(阡陌路—江晖路)早高峰拥堵绕行方案

对比拥堵路线和绕行方案的出行速度(图 4-133),高峰期绕行路线上的行车速度更快,由于绕行方案的距离稍远,出行时间相对变长,通过替代线路可以降低拥堵路段的热度。综合考虑建议在该点设置诱导绕行方案,在流量分担路段中评估是否进行"绿波带"信号灯协同控制。

2) 高架道路诱导

(1) 诱导路段选取规则:选取上下游速度均低于标准速度(20km/h),处于严重拥堵状态,速度差小的路段,即上下游均已饱和,无更多承载力的道路,建议对此类道路匝道进行流量诱导。

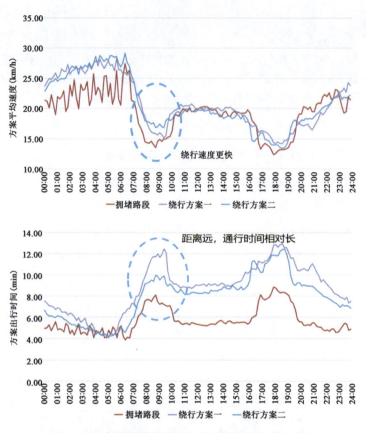

图 4-133 拥堵路线与绕行方案速度和出行时间对比

匝道上下游速度的数据通过评诊治系统中"交通精细诊治"下的"路段诊治"模块获取。与"地面道路诱导"章节中针对地面道路的分析相似,分析高/快速路的拥堵(图 4-134)。通过"时空诊断"不仅可以查看高/快速路的全天时空热力图,还可以查看拥堵路段的上下游速度(图 4-135),按照上述规则对需要进行流量诱导的高架路段进行筛选。

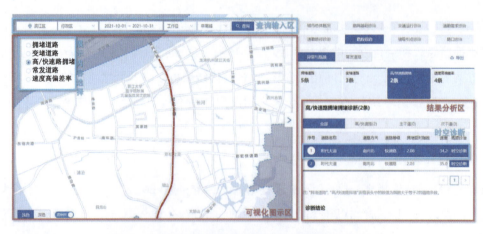

图 4-134 "路段诊治"模块——高/快速路拥堵分布

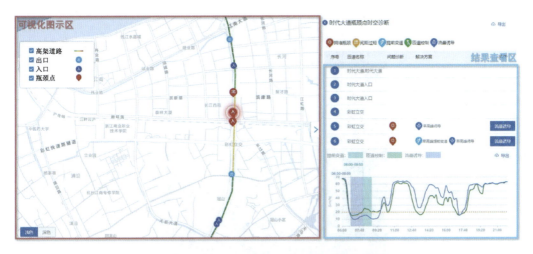

图 4-135 "路段诊治"模块——高/快速路瓶颈点诊断

> **数据诊断**
>
> 用户可对研究的城市或行政区进行自定义时间范围内的"高/快速路拥堵"查询,可得区域内早高峰或晚高峰高/快速路拥堵道路分布图以及根据拥堵延时指数的排序信息,包含道路名称、道路方向、道路等级、速度,具体路段还可进行"时空诊断",可查看该路段的堵点以及拥堵时段,同时关于该条道路的"治理意见"中可以查看瓶颈点的上下游速度。

(2) 选取待诱导路段:以滨江区时代大道南向北方向为例。

通过评诊治系统中"交通精细诊治"下的"路段诊治"模块可知,滨江区的高/快速路主要在时代大道出现拥堵。从时代大道的全天时空热力图中可以诊断,时代大道南向北方向在早高峰时段出现拥堵,尤其是彩虹立交以南的路段(图 4-136)。图中横坐标为时间,显示全天24h,精细到10min颗粒度的热力分布;纵坐标为空间,显示时代大道南向北方向拥堵状况,颜色越红代表越拥堵。因此,以滨江区时代大道南向北方向为例进行高架道路诱导路段的选取。

对时代大道南向北方向的瓶颈点进行诊断,可以分析不同路段匝道上下游速度。其中滨文路地面入口匝道为拥堵瓶颈点,且 7:00—9:00 存在上下游流量过饱和、速度差小的状况(图 4-137),因此在该时段建议做匝道的流量诱导。

(3) 路段 OD 溯源:通过该路段的车流起点集中在彩虹立交东南部居住地,终点集中在滨江区北侧工作地。

在对该段道路进行流量诱导前,需了解经过该路段车辆的起终点分布,从而合理引导车辆。"交通精细诊治"下的"路段诊治"模块中,针对高/快速路可通过"流量诱导"对滨文路地面入口匝道段进行 OD 溯源,对拥堵路段早高峰时段的需求起点、终点进行回溯。

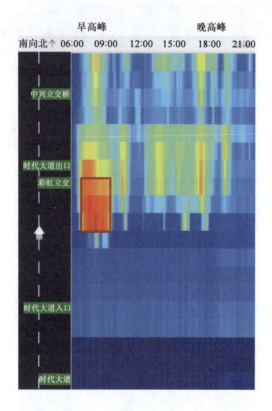

图 4-136　滨江区时代大道南向北方向全天时空热力图

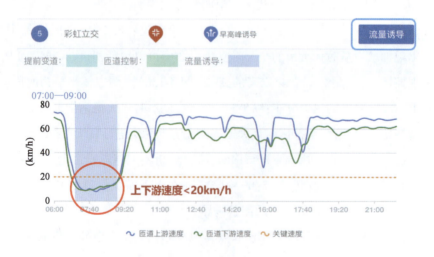

图 4-137　时代大道南向北方向滨文路地面入口匝道上下游速度

经热门驾车 OD 数据诊断,通过该路段的车流起点集中在彩虹立交东南部居住地,终点集中在滨江区北侧工作地,为通勤主要廊道(图 4-138)。

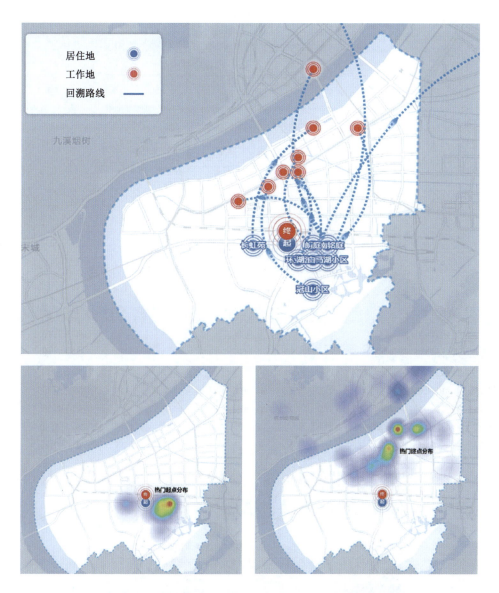

图4-138 早高峰经过时代大道(滨文路地面入口匝道)的车辆起终点分布

(4)拥堵绕行方案:寻找同一时段未饱和可绕行的路段,综合判断提出绕行方案。

为解决匝道上下游流量过饱和致堵的问题,提出拥堵绕行方案。基于OD流向,结合周边路网的承载力图,寻找同一时段未饱和可绕行的路段,综合判断提出绕行方案:由江虹路向北绕行至目的地(图4-139)。

3)滨江区全域诱导屏治理建议

根据上述规则和方法,诊断出滨江区早高峰建议诱导的路段(表4-8、图4-140),主要是由东向西、西向东、南向北往中心产业园区汇聚的通勤通道。

图 4-139　时代大道(滨文路地面入口匝道)早高峰拥堵绕行方案

滨江区早高峰建议诱导路段　　　　　　　　　　　　　　　表 4-8

设 置 路 段	方　　向	诱 导 时 段
滨兴路(西兴路—阡陌路)	东向西	7:40—9:40
江南大道(阡陌路—江晖路)	东向西	8:00—9:10
江南大道(火炬大道—信诚路)	西向东	7:40—9:30
时代大道(彩虹快速路—滨安路)	南向北	6:50—9:30
彩虹快速路(火炬大道—时代大道)	西向东	6:50—9:30
滨康路(风情大道—江晖路)	东向西	7:40—10:30
三桥路(江南大道—西兴大桥)	南向北	7:30—9:00

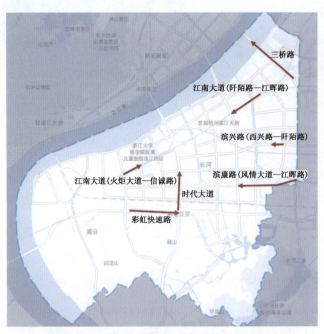

图 4-140　滨江区早高峰建议诱导路段分布图

根据上述规则和方法,诊断出滨江区晚高峰建议诱导的路段(表4-9、图4-141),主要是前往商圈或居住地方向的通道。

滨江区晚高峰建议诱导路段　　　　　　　　　　　表4-9

设置路段	方　　向	诱导时段
滨安路(江虹路—江晖路)	西向东	17:40—19:40
江晖路(滨和路—月明路)	南向北	17:50—19:20
江南大道(阡陌路—江晖路)	东向西	17:10—19:20
江南大道(信诚路—火炬大道)	东向西	17:50—21:30
江汉路(滨盛路—月明路)	北向南	17:50—22:40

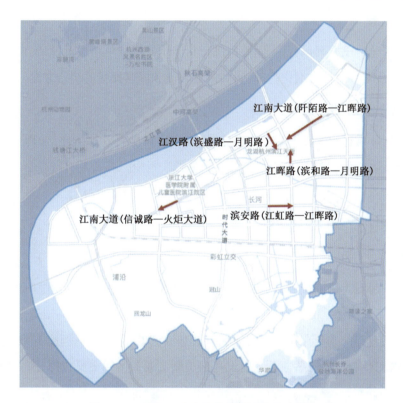

图4-141　滨江区晚高峰建议诱导路段分布图

以高德地图提供的流量诱导屏的建议点位为基础,需要在实地踏勘中确定每一个建议设置诱导屏路段的具体布点位置,再在道路上相应位置架设诱导屏。

诱导屏上显示当前道路及周边道路实时路况,并提供避堵绕行路线,早晚高峰诱导时段参考表4-8和表4-9中,不同道路不同的诱导时段,精细到10min颗粒度。每个点位的诱导方案,是结合路段OD溯源和周边道路的承载力情况分别给出的,可在避堵绕行方案措施实施前,向公众发布交通诱导屏的点位及诱导时段信息,有助于提供工作效率。

4.6.4 案例小结

通过诱导屏提供更加畅通、准确、安全可靠服务的前提是合理选择诱导路段并进行科学有效的诱导,本案例通过路段时空诊断、OD溯源等数据,准确分析出早晚高峰道路拥堵成因,并结合道路网负荷能力提供诱导方案,服务于交通改善。

1) 精准定位

高德地图利用交通大数据,快速感知路网饱和度、通勤走廊,进行道路流量均衡性分析,诊断出现状道路网中流量过于集中高/快速路,从而明确需要诊治的路段。

2) 精细化管理

根据建议诱导路段方案,结合实际踏勘进行具体诱导屏点位布置及设计,再在道路上进行布设,并根据建议方案进行精细化管理,明确诱导时段和躲避拥堵的绕行方案。

3) 路网流量分配均衡

基于路网实际运行状况设置的拥堵诱导屏,能实现科学有效的诱导,合理分配路网流量,缓解道路拥堵。

4.7 场景七:高架道路

高架道路作为城市快速交通设施,在分流过境交通、联系组团间交通方面发挥了重要作用,有效地缓解了地面道路的交通压力。但随着交通需求的迅速增长,高架道路交通拥堵日益凸显。由于高架道路的本身存在的结构问题以及交通流的不断波动变化,导致其主线存在较多的静态或动态交通瓶颈,这些瓶颈是引发高架道路交通拥堵的主要根源,图4-142为高架道路"评诊治"分析路径。

关键词: 拥堵瓶颈　匝道控制　流量诱导

4.7.1 评(现状问题)

1) 高架主路交通流量过大

结合高架道路监控视频,可以直观地看到现状问题。时代大道早高峰时段,彩虹快速路入口处出现拥堵,高架道路主路车流量大,道路交通流量饱和导致入口处拥堵排队。

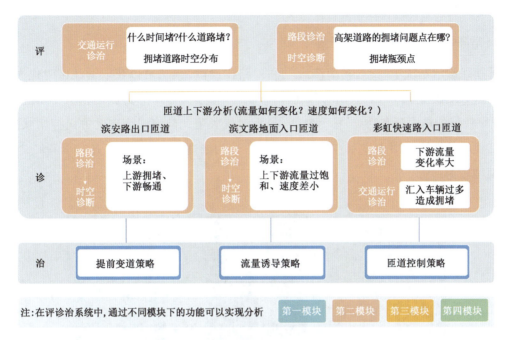

图 4-142　高架道路"评诊治"分析路径

2) 高架匝道控制策略不合理

时代大道北向南方向晚高峰时段主路车流量不大,道路较为畅通,但滨安路入口匝道受信号控制,产生流量挤压形成排队,排队车辆溢出至地面道路,影响地面道路车辆通行,此状况属于匝道控制不合理(图 4-143)。

图 4-143　滨江区时代大道晚高峰匝道拥堵

4.7.2　诊(数据问诊)

高架道路交通的治理首先需识别瓶颈点,进行拥堵的时空分析:一是从空间维度,确定拥堵产生位置及影响范围;二是从时间维度,掌握拥堵的持续时间以及拥堵程度。以滨江区的高架道路时代大道为例进行数据分析。

1) 早高峰 7:00—9:10 拥堵严重

通过评诊治系统中"交通精细诊治"下的"路段诊治"模块可以获取滨江区时代大道南北双向全天 24h 的时空热力图(图 4-144)。其中,横坐标为时间,显示全天 24h,精细到 10min 颗粒度的热力分布;纵坐标为空间,显示时代大道北向南或南向北方向拥堵状况,颜色越红代表越拥堵。图中显示左侧北向南方向较为畅通,右侧南向北方向早高峰 7:00—9:10 拥堵较为严重。

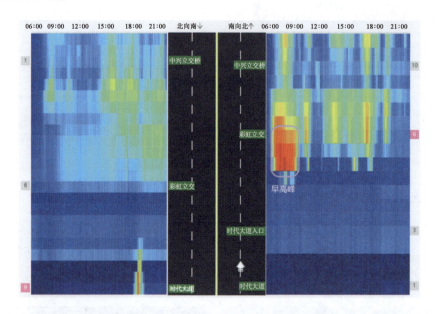

图 4-144 时代大道全天时空诊断热力图

2) 彩虹立交至滨安路段有 3 处瓶颈点

通过评诊治系统中"交通精细诊治"下的"路段诊治"模块可以对高架道路拥堵进行诊断。其中针对具体道路的"时空诊断"不仅可以查看高架道路的全天时空热力图,还可以查看高架道路上的拥堵瓶颈点。

通过系统诊断出时代大道南向北方向 3 个拥堵瓶颈点,分别为滨文路地面道路入口、彩虹快速路入口、滨安路出口(图 4-145)。

4.7.3 治(靶向治疗)

治理思路:根据瓶颈点上下游道路运行状况,分别提出提前变道、流量诱导、匝道控制等解决策略。

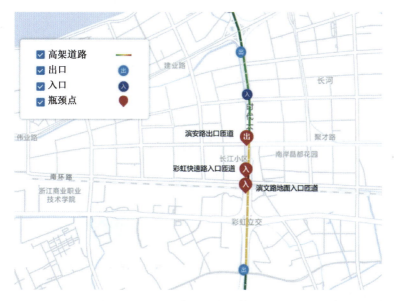

图 4-145　时代大道瓶颈点诊断

通过系统诊断出高架道路拥堵瓶颈点后，通过匝道上下游流量以及上下游速度进行问题诊断，提供相应的治理建议，解决方案包括提前变道、流量诱导、匝道控制等策略。

（1）上下游流量："交通精细诊治"下的"路段诊治"模块中有对于具体高架道路的"时空诊断"，显示出入口间距、下游流量变化率和瓶颈点诊断（图 4-146）。

时代大道时空诊断热力　　治理意见　导出

北向南　南向北

序号	匝道名称	出入口间距(M)	下游流量变化率	瓶颈点诊
1	时代大道	0		—
2	时代大道入口	800	67%	—
3	时代大道入口	89	9%	—
4	彩虹立交	978	-21%	—
5	彩虹立交	1052	17%	早高峰瓶颈
6	彩虹立交	188	131%	早高峰瓶颈
7	时代大道出口	404	-27%	全天瓶颈
8	中兴立交桥	1110	18%	—

图 4-146　时代大道时空诊断

（2）上下游速度："交通精细诊治"下的"路段诊治"模块中可查看具体高架道路的"时空诊断"，针对瓶颈点会结合路段上下游速度等因素推荐解决方案（图 4-147）。

图 4-147 "路段诊治"模块——高架道路治理意见查询结果

1)提前变道策略

(1)应用场景:瓶颈点上游拥堵、下游畅通的状况(如滨安路出口匝道)。时代大道南向北方向的滨安路出口匝道,下游流量变化率为 -27%,即下游的流量减少。匝道上下游速度显示 7:00—7:30 时段上游拥堵、下游畅通,存在速度差(匝道上游速度 <20km/h,匝道下游速度 > 20km/h),此处为匝道出口(图 4-148),诊断拥堵原因为车辆频繁并线更换车道造成秩序混乱,从而影响上游车流。

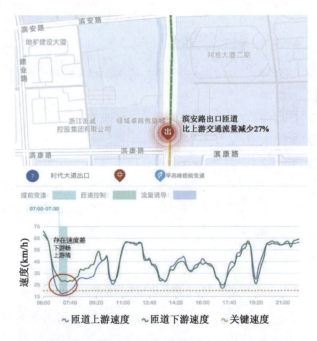

图 4-148 时代大道南向北滨安路出口匝道上下游速度

(2)治理建议:提前变道。7:00—7:30主线临近出口处设立提前变道提醒,并配合施划禁止变道实线,提醒过往车辆驶离高架道路时提前变道进入最右侧行车道,避免在临近出口位置紧急变道或突然减速急停,减少出口车流交织的同时,减少交通事故,提高安全。

2)流量诱导策略

(1)应用场景:瓶颈点上下游流量过饱和,速度差小的状况(如滨文路地面入口匝道)。时代大道南向北方向的滨文路地面入口匝道7:00—9:00时段,上下游速度均小于20km/h,流量过饱和,速度差小(图4-149)。

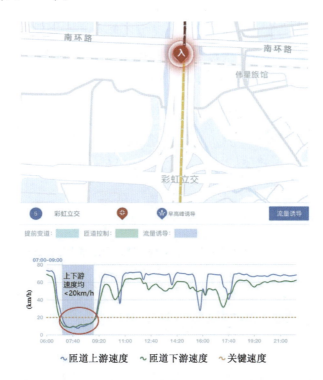

图4-149 时代大道南向北滨文路地面入口匝道上下游速度

(2)治理建议:流量诱导。对该匝道段进行OD溯源,可知早高峰时段通过该路段的车流起点集中在彩虹立交东南部居住地,终点集中在滨江区北侧工作地,为通勤主要廊道。根据早高峰时段的需求起终点,结合周边路网的承载力图,提出拥堵绕行方案(具体详见4.6.3中"高架道路诱导"章节内容)。

3)匝道控制策略

(1)应用场景:瓶颈点匝道汇入车辆过多的状况(如彩虹快速路入口匝道)。时代大道南向北彩虹快速路入口匝道,下游流量变化率为152%,即彩虹快速路汇入交通流量比主线高152%,匝道上下游速度显示8:10—9:00时段上游拥堵、下游畅通,存在速度差(图4-150)。

结合时代大道与彩虹快速路的运行状况(图4-151),诊断为入口匝道处的车流大量汇入在交织区造成上游主线车辆的拥堵,同时流量过大造成彩虹快速路西向东方向积压排队。

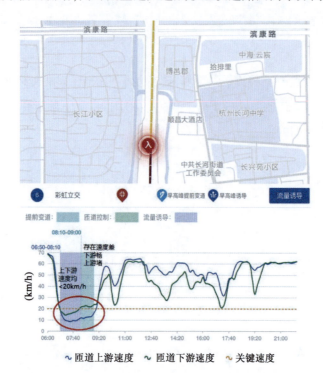

图4-150 时代大道南向北彩虹快速路入口匝道上下游速度

图4-151 时代大道与彩虹快速路拥堵状况

(2)治理建议:主线流量控制。8:10—9:00时段对匝道上游的主线道路进行流量控制,保证更大流量的彩虹快速路左转汇入时代大道。方式1:在时代大道南向北方向(彩虹立交以南)路段降低限速,如将限速80km/h降低至60km/h;方式2:压缩时代大道南向北方向(彩虹立交以南)路段车道,如临时将车道由三车道调整为两车道。

提前变道、流量诱导等策略一般需要通过诱导屏或信息板提前向前往该道路的用户发布,可直接在路段上实现信息发布;匝道封闭等策略建议提前向公众发布,如提前发布:"下周早高峰7:00—9:00时段时代大道南向北滨文路地面入口匝道封闭",可方便用户提前规划路线,疏解交通压力。

上述建议目前尚在方案阶段,须待确认后实施,实施后方可进行效果评价。

4.7.4 案例小结

城市高架道路出入口匝道处经常存在交通拥堵现象,严重时排队车辆将上溯至高架道路,影响高架道路甚至整个路网的正常运行。本案例通过数据进行高架道路拥堵时空分析,提供科学的交通管理和控制措施,从而缓解高架道路拥堵。

1) 精准定位

通过时空分析,有效识别高架道路瓶颈位置、时空范围及影响程度,可快速进行拥堵诊断。

2) 分场景的解决策略

结合道路交通流量和匝道上下游速度分析,通过数据支撑高架道路的控制策略,从而根据不同场景提供提前变道、匝道控制、流量诱导等解决方案。

3) 科学有效

结合推荐方案实施落地,使流量诱导更加准确,匝道封闭路段及时间都进行精细化管理,通过治理前后的数据对比分析,拥堵缓解效果显著。

第 5 章
CHAPTER 5

治理后：实施效果评价

造成城市交通拥堵有多方面的原因，交通拥堵的改善往往需要通过交通基础设施建设、交通管理强化、交通信息服务水平提升等多方面进行。交通从业者根据实际问题制定出一系列的改善措施及方案后，在城市治理决策过程中更棘手的难题是对交通治理效果的对比评价。评诊治系统通过对区域及内部道路的全时空监测服务，为治理方案落地实施的效果提供及时量化的参考，帮助相关部门及时调整治理措施。

关键词：数据监测　量化评价

5.1 评价功能简介

实施效果评价模块主要功能是监测城市交通治理效果，并对其进行后评估，包括区域拥堵改善效果的全方位评价，特殊管理措施事件的动态运行监测等功能。最核心的指标体系包括：评价城市交通拥堵程度的交通拥堵延时指数，评价城市交通运行现状的交通健康指数，评价道路行驶状态的运行速度，评价信号控制路口延误的路口延误指数等。

实施效果评价模块功能：针对指定范围，从区域、路段、路口三个层面，利用交通健康指数、交通拥堵延时指数、运行速度等参数，比较措施实施前后的交通运行状况，进而对交通改善措施进行评价（图 5-1）。使用模块时，用户可自定义评价范围以及评价时段。

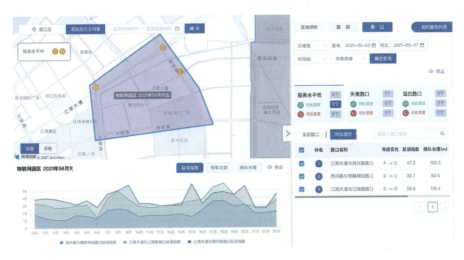

图 5-1 "运行跟踪评价—实施效果监测"模块

5.2 实施效果监测

城市交通治理过程中效果监测是管理中最大的难题,主要是难有量化的数据,同时也缺少监测的方法和手段。运行跟踪评价可适用于多种场景,可用于区域整体交通拥堵改善前后对比,如滨江区的互联网园区、商圈等;也可用于单条道路的改善效果,如高架道路治理前后对比等;或者用于区域内路口的对比评价,如地铁站规划停车位前后相关路口运行状况对比等。

5.2.1 区域效果评价

区域效果评价侧重于整体性、系统性的指标评价。可选定城市任意区域,提供该区域交通治理前后效果的评估功能,核心的效果评价指标包括"交通健康指数""拥堵延时指数""运行速度""拥堵里程占比"等,并提供了从时间空间层面的历史对比分析,输出时空层面量化的效果对比评价分析报告(图 5-2)。

对于划定的区域,需结合其特征进行合理的对比时段选择。如 4.1 节中互联网产业园的改善对比,针对互联网产业园的拥堵状况,分别从道路运行、公交改善、停车管理、交通组织改善四个方面提出改善措施并落实,多项举措所产生的改善效果即可通过区域评价进行量化分析。由于治理周期较长,为做到对区域改善效果有效监测,可按月(如 2021 年 6 月 1 日至 2021 年 6 月 30 日对比 2021 年 5 月 1 日至 2021 年 5 月 31 日)或按季度(如 2021 年 1 月 1 日至 2021 年 3 月 31 日对比 2020 年 7 月 1 日至 202 年 9 月 30 日)对该区域的情况进行持续观测,对于工作地集中的产业园区,查询时段可选择早晚高峰,即工作日的 8:00—10:00,17:00—19:00 进行分析。

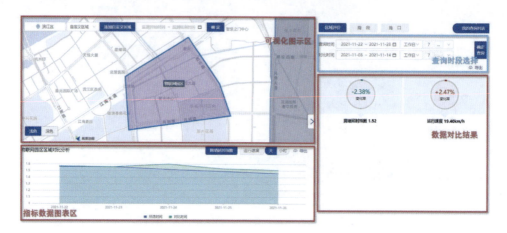

图 5-2　区域效果评价

查询结果会呈现任意小时聚合后的对比结果数据,包含区域的交通健康指数、拥堵延时指数、运行速度、拥堵里程占比等指标数值及对比变化率,以及天、小时级指标变化趋势图,可单独导出按天或小时的指标数据进行自定义分析(表 5-1)。

区域评价指标天级数据　　　　　　　　　　　　　　　　　　表 5-1

日　　　期	交通健康指数(%)	拥堵延时指数	运行速度(km/h)	拥堵里程占比(%)
2021 年 5 月 6 日	56.67	1.79	17.15	3.95
2021 年 5 月 7 日	56.10	1.66	18.56	1.86
2021 年 5 月 8 日	46.5	1.77	17.37	3.39
2021 年 5 月 10 日	47.87	1.89	16.22	4.05
2021 年 5 月 11 日	53.89	1.84	16.65	3.68
2021 年 5 月 12 日	54.40	1.82	16.90	4.30

5.2.2　路段效果评价

提供城市任意区域内各条道路运行状况的时空监测服务,包含道路的拥堵延时指数、环比拥堵变化程度、关注道路的跟踪监测等历史及实时的运行现状研判分析;同时也可以自定义需要关注和监测的路段,例如当某条道路开通公交车专用道,可以利用工具来持续监测公交车专用道开通后道路运行效率的变化规律(图 5-3)。

用户可对自定义评价范围内的所有道路进行整体评价,选择周/月/年不同评价时段进行分析,可针对路段两个不同时期的数据进行对比,通过区域整体道路拥堵变化率、各条道路拥堵延时指数和对比变化率来了解区域内道路的运行特征变化,"拥堵数量"显示按拥堵延时指数降序排名的道路列表,"拥堵变化率"显示按对比变化率降序排名的列表。每条道路可选择查看其拥堵延时指数、运行速度、拥堵里程占比等指标的天、小时变化趋势(表5-2)。

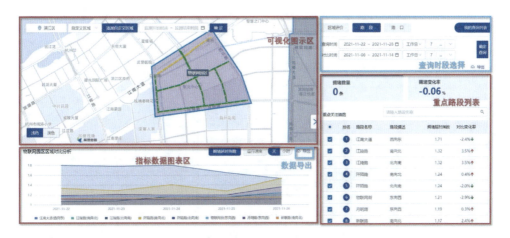

图5-3 路段效果评价

路段评价指标小时级数据　　　　　　　　　　　　　　　　　　表5-2

日　　期	时段(时)	路段名称	路段起终点	拥堵延时指数	运行速度(km/h)	拥堵里程占比(%)
2021年6月7日	5—6	物联网街	从风情大道到江陵路(由东向西)	1.19	31.21	0.00
2021年6月7日	6—7	物联网街	从风情大道到江陵路(由东向西)	1.08	34.27	0.00
2021年6月7日	7—8	物联网街	从风情大道到江陵路(由东向西)	1.11	33.37	0.00
2021年6月7日	8—9	物联网街	从风情大道到江陵路(由东向西)	1.59	23.33	6.25
2021年6月7日	9—10	物联网街	从风情大道到江陵路(由东向西)	2.57	14.39	8.98
2021年6月7日	10—11	物联网街	从风情大道到江陵路(由东向西)	1.18	31.47	0.00

除了对区域内所有道路的整体分析外,还支持自定义起终点任意路段的交通时空监测和评价,服务于交通治理前评价、治理中监测、治理后效果评估。新增任意路段满足只监测部分道路的交通指标,让评价范围更灵活;用于城市内任何场景的道路评价,例如:道路交通治理效果评价、新建道路效果监测等。

5.2.3　路口效果评价

可提供区域内各信号路口运行状况的时空监测服务,核心的效果评价指标包括"延误指数""停车次数""排队长度"等。用户可自定义评价范围,选择周/月/年不同评价时段进行分析,可针对路口两个不同时期的数据进行对比,得到服务水平、失衡路口和溢出路口的变化情况,以及具体变化路口的延误指数、停车次数、排队长度等指标列表及趋势变化图,从而评估路口改善效果(图5-4)。

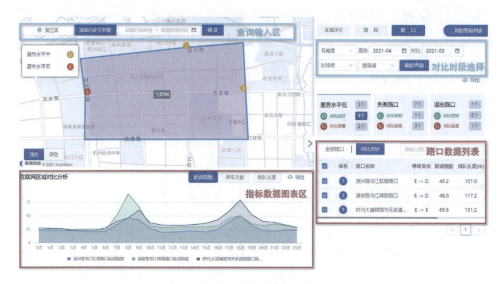

图 5-4　路口效果评价

用于城市内任何场景的路口评价,例如:交叉口渠化、交叉口车道的重新调配、交叉口信号配时优化等。分为三种类型进行分析:①服务水平低,显示的是区域内服务水平低、对比变好、对比变差路口的个数,相应路口的详细数据包含路口的等级变化、延误指数、排队长度、停车次数、延误指数的变化率;②失衡路口,显示的是区域内失衡路口、对比变好、对比变差路口的个数,相应路口的详细数据包含路口的服务等级、延误指数、失衡方向;③溢出路口,显示的是区域内溢出路口、对比变好、对比变差路口的个数,相应路口的详细数据包含路口的服务等级、延误指数、溢出方向(表5-3)。

路口评价总体指标变化数据　　　　　表5-3

排名	类型	路口名称	等级变化	延误指数	排队长度(m)	停车次数	变化率(%)
1	对比变好	江南大道与江陵路路口	E→D	52.8	118.4	0.7	-15
2	对比变好	江南大道与西兴路路口	F→D	47.3	102.5	0.7	-48
3	对比变好	西行路与物流网街路口	E→C	32.7	82.5	0.7	-42

注:路段(或路口)分析中,当选取一个路段(或路口)时,数据折线图查看和下载包含该路段(或路口)查询时段和对比时段的数据;当选取多个路段(或路口)分析时,各路段(或路口)数据均为查询时段数据,如需进行时段间对比,可通过两次下载,分别获得查询时段数据和对比时段数据。

实施效果监测可作为交通运行分析评价中的重要工具,不仅应用于治理后的效果评估,还可以应用于治理前的整体评价,以及治理过程中的持续监测。系统中输出的是按日、周、月的定量化分析结果,可结合视频数据监控的人流、车流变化情况形成全面效果评价。

第 6 章

CHAPTER 6

专家视角

2017年12月7日,为全面促进交通运输行业大数据产学研发展,中国公路学会与高德地图联合成立未来交通与城市计算联合实验室(Joint Laboratory for Future Transport and Urban Computing),希望通过数据插座、产业推动、计算赋能三大投入,推动交通出行领域产学研一体化发展,发现未来交通产业的新变量。在大数据、云计算、人工智能等领域进行联合研发,将联合实验室建设成为未来交通领域的科研基础设施,推动交通出行领域新技术、新工具、新形态早日落地,高德地图城市交通"评诊治"智能决策SaaS系统正是实验室智慧的结晶(专家排名不分先后)。

关键词: 新工具　新技术　全面广泛　高效精准　数字化治理

黄 伟

北京清华同衡规划设计研究院有限公司副总规划师

《高德地图城市交通"评诊治"智能决策SaaS系统及应用》充分发挥高德地图的大数据优势,按照"做体检、开药方、评疗效"治疗闭环逻辑,提供了一套行之有效、令人耳目一新的城市治堵研究新路径,对相关的交通规划研究、交通管理等机构有很好的启迪。本书有三个特点令人印象深刻:

一是分析数据的系统性和客观性。平台围绕城市交通拥堵诊断,提供了多维度、全周期的多个数据分析指标,并可形成不同区域、路段和交叉口的数据集合,数据视角全面、可靠性较高,相对于传统技术方法显示出较大优势。

二是数据获取和呈现的方式灵活、丰富。系统可通过自定义时间和空间范围获得所需的分析数据,不仅可以与同期的历史数据进行纵向对比,也可和正常参考值进行横向对比,数据输出方式多样,表达直观、清晰。

三是分析成果可按需响应、生成快捷。系统克服了传统交通调查周期长、成本高、可靠性低的问题,大大降低了基础数据的获取难度,并且使数据成本大幅降低,可通过定制快速响应不同需求并即时生成分析报告。

朱潇赢

浙江大学建筑设计研究院市政交通所副所长

在大数据技术日益成熟的今天,交通拥堵的治理模式已进入新一轮的变革和转型期,从依赖经验判断走向多元数据分析,从事后被动治理走向主动模拟应对,交通大数据已成为治理交通拥堵不可或缺的基础资源、战略资源。而高德地图推出的城市交通"评诊治"智能决策 SaaS 系统以数据诊断、精准施策、综合评估的闭环治理机制为抓手,利用海量数据资源,在交通数据研判的维度、广度、深度上进行全面升级,应用案例给出了数据治堵的"高德"样板,为解决城市交通拥堵问题提供了全新的视角和思路。

彭　湖

浙江工业大学工程设计集团有限公司交通规划设计研究中心总工程师

交通领域针对拥堵问题有诸多解决措施,但往往都需要长期调研与分析研判。那么如何做到"快速精准"治理?高德地图给出了结合大数据和高科技的数字化治理方案——《高德地图城市交通"评诊治"智能决策 SaaS 系统及应用》,即通过多维数据采集和分析,为交通管理部门治理交通顽疾提供决策依据。该系统凭借其全面、广泛、精准的大数据优势能够迅速"评"——找准交通堵点,"诊"——全面分析拥堵原因,"治"——提供治理措施并评价实施效果。与传统交通拥堵治理过程相比,交通调查环节更加省时省力,原因分析更加直观具体,治理方案更加成熟和可借鉴。本书提到的系统应用已在杭州市滨江区落地,治理效果广受好评。

王中岳

林同棪（重庆）国际工程技术有限公司上海分公司总经理

以前我们常说，交通是门软科学，以人的经验判断为主，往往只能被动地应付城市发展过程中显现的交通问题。现在大数据赋予了交通真正的科技硬核，我们可以通过数据来还原城市交通，用算法来甄别交通问题，未来我们将有能力预测城市交通的发展趋势，变被动为主动，用交通数字孪生赋能城市精细化规划、建设与治理。

轨道交通正逐渐成为城市通勤的主要交通工具，如何处理车站与家之间"最后一公里"衔接，逐渐成为城市面临的新课题。多年前我们便开始通过人流监控和客流仿真来优化车站的站内交通，但苦于缺少站外的数据采集和分析技术，类似数字化的方法无法用于车站与站外交通和配套设施的衔接。如今，交通大数据为我们提供了一个新路径，我们不仅可以将站内、站外的交通数据打通，解决"最后一公里"的交通衔接，更可以将车站周边的配套设施集成为一个以轨道交通车站为核心的区域交通数据模型，为TOD一体化规划和运营提供数字工具。

在交通理论体系中，交通的最优解决方案分为两个阶段："用户最优"和"系统最优"。交通诱导即是一个具有代表性的例子，传统的诱导系统只能实现"用户最优"，即引导车辆选择个人最快的路径，然而由于缺少系统性及预判性，往往造成道路系统整体的利用率低且易加重局部道路的拥堵。交通大数据具有交通系统全局的洞察能力和趋势预测的预判能力，为我们实现"系统最优"打开了窗口，未来我们将具备整个城市交通系统的供给与需求统筹能力，探索城市交通的"系统最优"。

汪 涛

上海济安交通工程咨询有限公司总经理

《高德地图城市交通"评诊治"智能决策 SaaS 系统及应用》助力交通调查——从传统的人力密集型工作，转向 AI 赋能的高效型工作；从低样本随机抽样，转向全时空大数据支撑。

参考文献

[1] 中华人民共和国中央人民政府. 中共中央 国务院关于进一步加强城市规划建设管理工作的若干意见[R]. 中国政府网,2016-02-21.

[2] 中华人民共和国建设部. 城市道路交通规划设计规范:GB 50220—95[S]. 北京:中国计划出版社,1995.

[3] Trafficware. Synchro Studio 9 User Guide [M]. Texas State:Trafficware,2014.

[4] 北京交通发展研究中心,杭州市综合交通研究中心,武汉市交通发展战略研究院,等. 城市交通运行状况评价规范:GB/T 33171—2016[S]. 北京:中国质检出版社,2016.

[5] The Federal Highway Administration. Manual on Uniform Traffic Control Devices for Streets and Highways[M]. Washington:U. S. Department of Transportation,2009.

[6] Jackson D L,Shaw T L. The Florida reliability method in Florida' Mobility Performance Measures Program[R]. Florida Department of Transportation,2000.

[7] 济南市城市交通研究中心,中国道路运输协会城市客运分会,交通运输部科学研究院,等. 城市客运术语 第2部分:公共汽电车:GB/T 32852.2—2018[S]. 北京:中国质检出版社,2018.

[8] 交通运输部科学研究院,济南市城市交通研究中心,中国道路运输协会,等. 城市客运术语 第1部分:通用术语:GB/T 32852.1—2016[S]. 北京:中国质检出版社,2016.

[9] 交通运输部公路科学研究院,中国道路运输协会城市客运分会,交通运输部科学研究院,等. 城市公共汽电车客运服务规范:GB/T 22484—2016[S]. 北京:中国质检出版社,2016.

[10] 中国城市规划设计研究院. 城市综合交通体系规划标准:GB/T 51328—2018[S]. 北京:中国建筑工业出版社,2018.

[11] 中华人民共和国交通运输部. 关于《公交都市考核评价指标体系》的说明[R]. 交通运输部,2013-07-24.

[12] 交通运输部科学研究院,上海市城市建设设计研究院,上海市交通港航发展研究中心,等. 城市公共交通发展水平评价指标体系:GB/T 35654—2017 [S]. 北京:中国质检出版社,2018.

[13] 交通运输部公路科学研究院. 道路交通标志和标线:GB 5768—2009[S]. 北京:中国标准出版社,2009.

[14] 公安部交通管理科学研究所. 城市道路单向交通组织原则:GA/T 486—2015[S]. 北京:中国标准出版社,2015.

[15] 中国城市规划设计研究院. 建设项目交通影响评价技术标准:CJJ/T 141—2010[S]. 北京:中国建筑工业出版社,2010.

[16] Robert C. Jobs-housing balance and regional mobility [J]. Journal of the American Planning Association,1989,55(2).

[17] 戴帅,刘金广,赵琳娜,等. 中国大城市道路交通发展研究报告[M]. 北京:人民交通出版社股份有限公司,2021.

高德地图城市交通"评诊治"智能决策 SaaS 系统

 城市交通"评诊治"分析系统,精细化分类城市交通拥堵场景,针对"体表"导致的局部拥堵、通行能力导致的区域拥堵、出行结构不合理导致的城市拥堵,提供交通综合施策"评诊治"一体化的解决方案。

通过 30 多项评价指标,快速扫描不同场景下城市堵点和资源瓶颈;为城市交通管理部门诊断交通问题、评估交通改善措施提供量化的数据支撑。

精细化分类城市交通拥堵场景,与交通管理者、专业机构和交通"医生",共同对交通问题进行诊断。

对"体表"导致的局部拥堵,通行能力导致的区域拥堵,出行结构不合理导致的城市拥堵,提供一体化解决方案。

交通"评诊治"大数据产品及服务

智慧交通"评诊治"数据服务
https://jiaotong.amap.com/#/ctAPI

城市交通"评诊治"智能分析系统
https://ct.amap.com

提供城市区域、路段、路口多种时空维度交通评价、诊断、治理 100 多个指标数据接口服务,适用于城市交通治理的任何场景,通过提供的 API 接口,可实现交通信息大屏展示、分析系统搭建、各种系统集成等多种服务。

实现综合交通运行评价、交通问题分析诊断、治理策略制定与发布、交通特征自主精细化分析等 SaaS(软件即服务)功能,赋能政府交通管理部门、交通资讯机构等多样化业务场景,为交通综合治理工作提效、增智。

交通"评诊治"商务合作: traffic-report@service.alibaba.com